Carinhas(os) Urbanas(os)

Diálogos com a Cidade
Luciana Fátima | Arlindo Gonçalves

Editora
Horizonte

Copyright © 2009
Luciana Fátima e *Arlindo Gonçalves*

Editora
Eliane Alves de Oliveira

Capa
Darlan Henrique

Revisão
Joaquim Pereira
Mariana Echalar

Diagramação
Arial 10,9/14,2

Impressão
Gráfica Ideal, Campinas, setembro de 2009

Papel
Couchê 120g

Editora Horizonte
Rua Geraldo Pinhata, 32 sala 3
13280-000 – Vinhedo – SP
Tel: (19) 3876-5162
contato@editorahorizonte.com.br
www.editorahorizonte.com.br

Foto e poesia contra o dragão do mal

por Heródoto Barbeiro

Contra a destruição, o desprezo, a falta de memória histórica, só a poesia e a fotografia. Essas duas armas potentes são capazes de atenuar o descaso e a destruição da paisagem urbanística maravilhosa de São Paulo. Sou morador ligado ao Centro Velho da cidade, com direito a umas esticadinhas pelo Bexiga, Brás, Mooca, Cambuci, Ipiranga, Liberdade, enfim, os bairros mais antigos da cidade, repletos ainda de sinais de obras de arte. Algumas totalmente desgastadas pela falta de consciência de preservação da memória dos que construíram o cenário de crescimento do século XX, amparados pelas diversas culturas e etnias emigrantes ou não.

As fotos deste livro retratam a beleza arquitetônica da cidade no início do século passado, que não resistiu à especulação imobiliária devastadora, em nome de um pseudoprogresso que deixou pouca coisa de pé. Felizmente, o Arlindo e a Luciana clicaram o que sobrou dessa beleza e poetaram sobre ela. Não se trata aqui de cultivar um saudosismo ou mesmo de olhar para o futuro de São Paulo pelo retrovisor, mas de fazer uma avaliação crítica da importância cultural da arquitetura, e da oportunidade perdida de se fazer um tombamento integral de toda a região central da cidade para sua preservação e transformação em um museu a céu aberto. Nada contra o crescimento, mas ele poderia ter sido planejado em uma outra área, ligado ao Centro por um sistema de metrô. Lá haveria espaço suficiente para arranha-céus, como gostavam de dizer os paulistanos de quatro costados, gigantescos prédios de apartamentos, shoppings, mercados, enfim, tudo aquilo que se percebe na cidade hoje misturado com o que sobrou do desmonte promovido pela indústria da especulação imobiliária. Jogamos, junto com o entulho, a beleza arquitetônica de uma época. "São Paulo não pode parar" era a senha para pôr tudo abaixo. Do Vale do Anhangabaú ao Parque Dom Pedro II. Da Rua Direita aos Campos Elíseos. Do Largo de São Bento à Estação do Brás. Abaixo o dragão do mal!

De volta ao presente, vale a pena percorrer São Paulo com este livro nas mãos e descobrir onde estão os detalhes flagrados pelos autores. É um passeio instigante pela literatura, arquitetura e memória de São Paulo. Muitos deles eu já conhecia, mas fui agradavelmente surpreendido por muitos outros. Este é um livro de carinhas urbanas para ser tratado com os melhores carinhos, urbanos ou não.

Heródoto Barbeiro é jornalista da TV Cultura e Rádio CBN.

A DELICADEZA E A GENEROSIDADE URBANA ANTE A DEGRADAÇÃO

> *"[...] Vê um conjunto que é múltiplo sem desordem: vê uma cidade, composição feita de estátuas, de templos, de jardins, de casas, de degraus, de jarros, de capitéis, de espaços regulares abertos. [...] Talvez lhe baste ver uma única arcada, com uma inscrição incompreensível em eternas letras romanas. Bruscamente, essa revelação o deslumbra e o transforma: a cidade."*
>
> Jorge Luis Borges

O que é ser gentil? Qual é o significado da gentileza nos dias atuais? Em meio ao desgaste das relações sociais, ser gentil chega até a chamar a atenção negativamente.

Ambientes marcados por forte competição, pela perda do sentido de alguns símbolos e pelo arrefecimento das inter-relações são característicos dos grandes centros urbanos hoje em dia. São locais pontuados, sobretudo, pela rapidez da informação e pelas transformações (transfigurações) da paisagem urbana.

A diversidade faz uma metrópole prosperar. A degradação urbana – inimiga da diversidade – faz o oposto. O enfraquecimento das relações sociais produz degradação na forma de brutalidade, rudeza. Deixando de ser sociáveis (gentis), nós nos abrutalhamos. Isso afetará o aspecto urbano onde vivemos. Ele, irremediavelmente, será um amontoado de coisas feias – muros altos, pichações, cercas eletrificadas, guaritas, calçadas esburacadas, prédios sem adereços, sem graça, que não atraem e não retêm nosso olhar porque não têm absolutamente nada a "nos dizer". A beleza será banida...

É preciso reagir. É urgente voltar a ser gentil.

Gentilezas urbanas

Gentilezas urbanas são ações que partem do indivíduo para o coletivo. É uma reação espontânea à brutalidade. É poesia contra o palavrório. É música contra a gritaria. É uma atitude que se configura em duas frentes: novas soluções geradoras de beleza (poesia urbana) e preservação do que ainda é belo (poético). Este ensaio fotográfico se insere na segunda vertente – chamar a atenção para a preservação.

Fachadas com poesia

Há poesia em fachadas de prédios históricos. Ornatos, capitéis, pedestais, cornijas, molduras, abóbadas, cúpulas, motivos vegetais, rostos de pessoas ou de criaturas – ora doces, ora sisudas.

As carinhas ou carrancas que embelezam os prédios em estilo neoclássico surgiram no final do século XIX e passaram a fazer parte da fachada das casas paulistanas por influência do ecletismo vigente na Europa.

Aplicadas pelos artesãos, em grande parte imigrantes italianos, as imagens não se resumem apenas à representação da figura humana. São flores, frutos, armas, vasos, ferramentas, escudos, fitas... Uma infinidade de motivos que são verdadeiras esculturas em edifícios públicos e em alguns prédios particulares.

Para quem observa as construções mais detalhadamente, não passa despercebido um certo sentimento carinhoso que partia do responsável pelo projeto para com a cidade. Mesmo as feições mais rabugentas tinham por objetivo afugentar os seres indesejáveis.

Estão lá, resistindo ao descaso, ao vandalismo; verdadeiras gentilezas urbanas que os mestres das fachadas nos legaram.

E é justamente esse carinho pela metrópole que o projeto "Diálogos com a Cidade" pretende resgatar com a publicação do livro *Carinhas(os) Urbanas(os),* um recorte, um olhar mais atento àquelas partes das construções que nem sempre notamos, nem sempre temos tempo de olhar.

As carinhas, num momento sorridentes, noutro tristes, são os carinhos deixados há tanto tempo pelos frentistas, como se estivessem – com seus aspectos imortais – a nos dizer: "Aproveitem a sua cidade, vivam a sua cidade, pois, apesar de tudo, ela é bela!".

Diálogos com a Cidade

"Diálogos com a Cidade", formado por Luciana Fátima e Arlindo Gonçalves, é o nome de um coletivo fotográfico cujo objetivo é documentar a cidade de São Paulo e, por meio de ensaios temáticos, discutir o espaço urbano.

Há tempos a humanidade vem escolhendo as cidades como moradia. A opção pelas paisagens urbanas como tema central do projeto deve-se ao fato de que, para os fotógrafos de cidades, é quase um dever de cidadão documentar as grandes aglomerações urbanas a que pertencem. A cidade relaciona-se intimamente com a fotografia desde os primórdios dessa forma de expressão. Conflitos, interações, diversidade, pluralidade, democracia e cidadania – ou a falta destas – são exemplos de elementos presentes nas metrópoles. As cidades, então, constituem-se como fonte inesgotável de interpretações e ensejam sentimentos diversos. Redefinir, recortar e reconstruir o meio urbano pelo olhar fotográfico é uma forma de fomentar saberes e ajudar a desmitificar determinadas áreas que são evitadas por muitos.

Assim, no ano de 2003, em um contexto de revitalização do centro da cidade de São Paulo, surgiu a proposta do projeto "Diálogos com a Cidade". O primeiro ensaio fotográfico produzido foi *Monumentos e pessoas no espaço urbano*, naquele mesmo ano, cujo objetivo principal foi documentar pessoas e obras de arte no espaço público.

Já nesse primeiro trabalho, buscou-se discutir a questão das ruas – especialmente as do centro da cidade – como locais democráticos de identificação histórica, sentimental e de convergência de manifestações culturais que primam pela diversificação.

Um ano antes (em 2002), mesmo sem a ideia de sistematização dos trabalhos por meio do nome "Diálogos com a Cidade", os fotógrafos realizaram o ensaio *Minhocão – altos e baixos* (fotos tiradas entre os anos de 1998 e 2002), uma extensa documentação do cotidiano do elevado Costa e Silva nos fins de semana, quando os carros são proibidos de circular e os moradores dos bairros localizados na extensão do viaduto utilizam-no como área de lazer.

Os dois ensaios fotográficos (*Monumentos e pessoas no espaço urbano* e *Minhocão – altos e baixos*) transformaram-se em exposições montadas no Shopping Center Light, e *Minhocão – altos e baixos* foi montada também no próprio elevado, como parte de uma feira dominical de artes.

Em 2004, "Diálogos com a Cidade" trouxe o ensaio *Caminhar em São Paulo*, cujo principal objetivo era chamar a atenção das pessoas para a importância das ruas e, especialmente, de suas calçadas, que, como disse Jane Jacobs: "(...) são órgãos vitais de uma cidade"*. Essas novas imagens ficaram expostas na Biblioteca Mário de Andrade e na Livraria Boa Vista.

Em 2005, como parte das comemorações do aniversário da cidade, o projeto expôs, no Shopping Pátio Paulista, *Carinhas(os) Urbanas(os)*, na tentativa de resgatar o que nem sempre temos tempo de olhar detalhadamente.

Transmitir silenciosamente a eloquência de uma cidade que não para. Esta foi a proposta de *Olhares anônimos na capital ilimitada*, também exposta no Shopping Pátio Paulista, para comemorar o 453º aniversário da cidade. No acaso do dia a dia, é como se o olhar das pessoas fotografadas, no anonimato de seus cotidianos, atraísse a contemplação fotográfica, a qual passa a buscar no espaço que o outro ocupa – em vez de raiva ou indiferença – a razão que faz com que juntos (fotógrafo e fotografado) estejam ali dividindo o mesmo ambiente urbano.

Passados quatro anos de sua concepção original, "Diálogos com a Cidade" retoma o projeto *Carinhas(os) Urbanas(os)*.

---

* JACOBS, Jane. *Morte e vida de grandes cidades*. São Paulo, WMF Martins Fontes, 2001.

A representação do corpo vivo, não necessariamente humano, é uma preocupação antiga da arquitetura e está imersa em simbolismo, como se pode observar na obra de diversas culturas (grega e egípcia, por exemplo).

Diversos estilos apontam para a necessidade do ornamento das estruturas dos prédios, de maneira a estes serem portadores de beleza. O ornamento, por mais singelo e ingênuo que possa parecer, tornou-se objeto central e importante na história da arquitetura. Isso porque foi rejeitado pelos modernistas, que o achavam desnecessário ou pelo fato de que ele poderia atrair para si toda a atenção que deveria ser dispensada ao todo do corpo das construções.

A partir de então, o que se viu foram prédios que promulgavam seu valor nos próprios materiais construtivos: aço, concreto, vidro etc. O ornamento só reapareceria depois por conta do pós-modernismo.

Este livro retrata alguns vestígios de uma São Paulo mais ornamentada e que acabam sendo uma herança para a cidade de hoje.

Carinhas(os) Urbanas(os) tem o objetivo de valorizar esses elementos remanescentes e chamar a atenção para sua urgente preservação.

Luciana e Arlindo (2009)

*A*GRADECIMENTOS

Gostaríamos de agradecer às seguintes pessoas, que muito contribuíram para a realização deste projeto:

Eliane Alves de Oliveira, pela empolgação e profissionalismo com que tratou o nosso trabalho;

Heródoto Barbeiro e Regina Prosperi Meyer, que nos brindaram com os belos e generosos textos de apresentação deste livro;

Ana Maria Cicaccio, da Associação Viva o Centro, que sempre nos apoia;

Maurício Ribeiro da Silva – doutor e mestre em Comunicação e Semiótica; arquiteto e urbanista – pelas dicas de arquitetura a nós passadas de maneira espontânea e simpática;

Enio Leite, professor de fotografia, cujo conhecimento transmitido resultou neste trabalho.

Nota da editora

Este trabalho tem a finalidade de destacar os ornamentos das fachadas dos prédios históricos do Centro Velho da cidade de São Paulo. As fachadas em tamanho reduzido, dispostas abaixo das poesias, servem apenas como guia de idenficação visual para o leitor que deseje visitar os endereços informados. Algumas fachadas se repetem, pois o mesmo prédio, muitas vezes, possui diversos ornamentos.

*As sombras que ressaltam
os cinzas da cidade
refletem a saudosa tristeza
da garoa que se foi...*

Praça Ramos de Azevedo, s/n
(foto: Luciana Fátima)

O olhar sereno ergue-se e fita a cidade,
que busca também ser serena,
ao menos no fim da tarde,
na monotonia opaca do cimento.

Rua Treze de Maio, 353
(foto: Arlindo Gonçalves)

O corpo de pedra sente as marcas da jornada,
semblante cansado, olhar perdido, face ferida.
Espera cuidados – talvez não venham.
Socorro paliativo seria a nossa contemplação,
uma doce e meiga atenção.

Rua Quintino Bocaiúva com José Bonifácio
(foto: Arlindo Gonçalves)

*Na crueza do concreto
nasce uma flor.
Em meio ao duro asfalto
uma plantinha desponta.
Por entre tantos edifícios
asas coloridas lutam
para mais alto voar.
Ao contrário do que todos pensam,
meus olhos cinzentos
enxergam a vida da cidade.*

Rua Três de Dezembro com Quinze de Novembro
(foto: Luciana Fátima)

*Ele corria para entregar recados,
foi mensageiro dos reinos da vida e da morte.
Deus do comércio, oradores e escritores.
Representante dos ladrões.
Símbolo dos contadores.
Uma carreira cheia de emoções...
...que terminou imortalizada na fachada de um edifício.*

Rua Três de Dezembro, 50
(foto: Luciana Fátima)

*Ela se vê naquelas coisas,
objetos abandonados,
entulhos revirados.
E sente estar fadada,
tal qual os dejetos,
a não fazer parte
de um promissor
futuro da cidade.*

Rua Direita com Praça da Sé
(foto: Arlindo Gonçalves)

Altiva, orgulhosa, ela nos observa.
Soberba demais?
Para mim, talvez não.
Imagino-me chamando-a,
e ela de lá descendo.
Assim, quem sabe,
igualaríamos nossos estratos
para brindarmos à cidade.

Praça Ramos de Azevedo, s/n
(foto: Arlindo Gonçalves)

*A imortalidade de um gesto pode ser vista
no frio detalhe do concreto.
O calor de uma emoção pode ser sentido
nas fachadas de alguns gigantes que resistem.*

Praça Clóvis Bevilacqua, s/n
(foto: Luciana Fátima)

Sorrisos francos,
sorrisos alegres,
sorrisos despreocupados...
A felicidade contrasta
com a dura realidade.
Faces carrancudas,
faces tristes,
faces distantes...
No palco da vida,
não há quem não esteja atuando.

Praça Ramos de Azevedo, s/n
(foto: Luciana Fátima)

Pequenas coisas.
Raros momentos.
Escassas luzes.
Diminutas curvas.
Sombras diagonais.
Uma cidade grandiosa
que tão bem esconde seus detalhes...

Rua Quinze de Novembro, 132
(foto: Luciana Fátima)

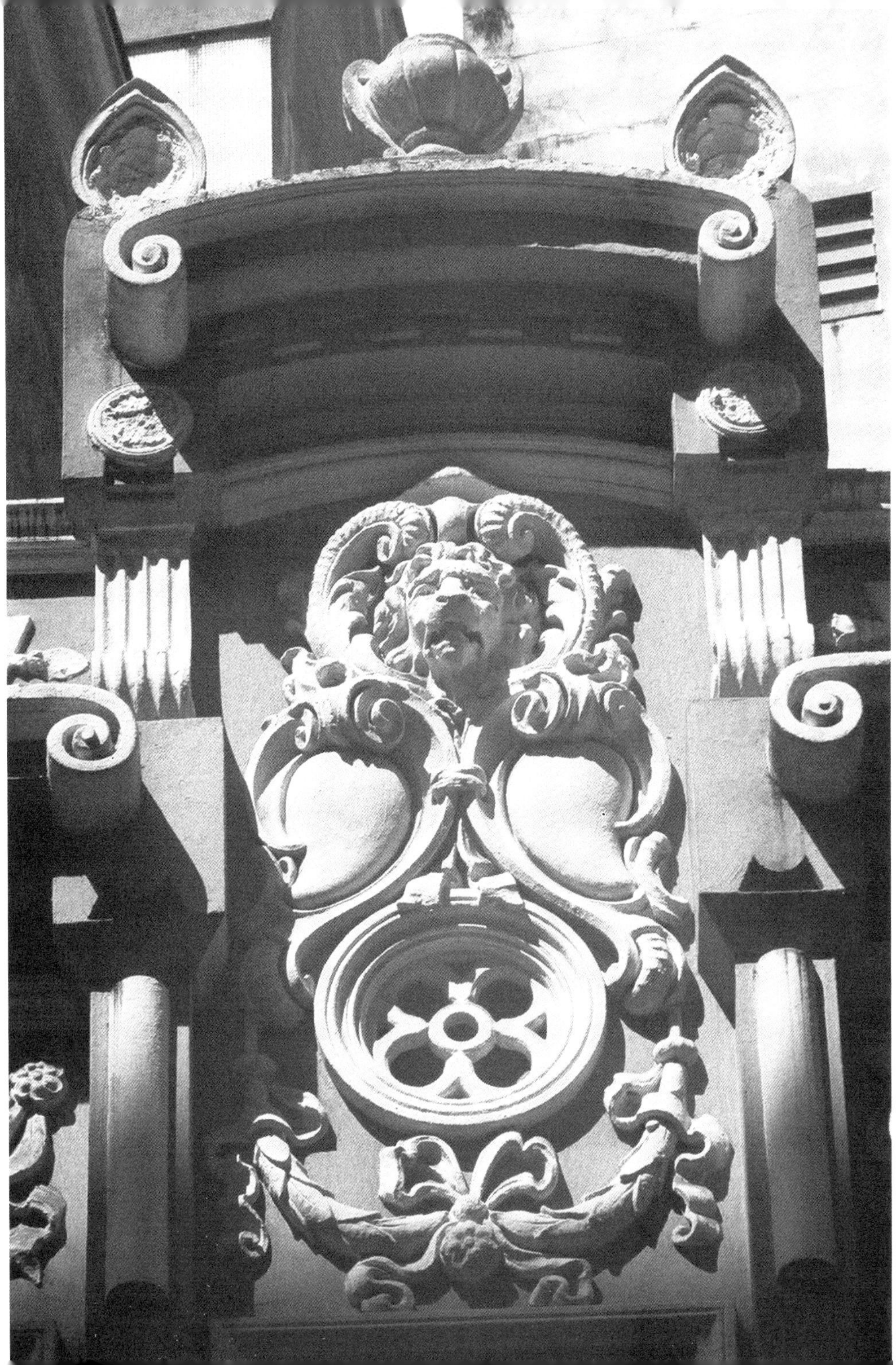

*O olhar distante se perde no horizonte.
O horizonte se perde em um mar de construções.
As construções silenciosamente observam os transeuntes
que não têm tempo de lhes dar a devida atenção.*

Praça Clóvis Bevilacqua, s/n
(foto: Luciana Fátima)

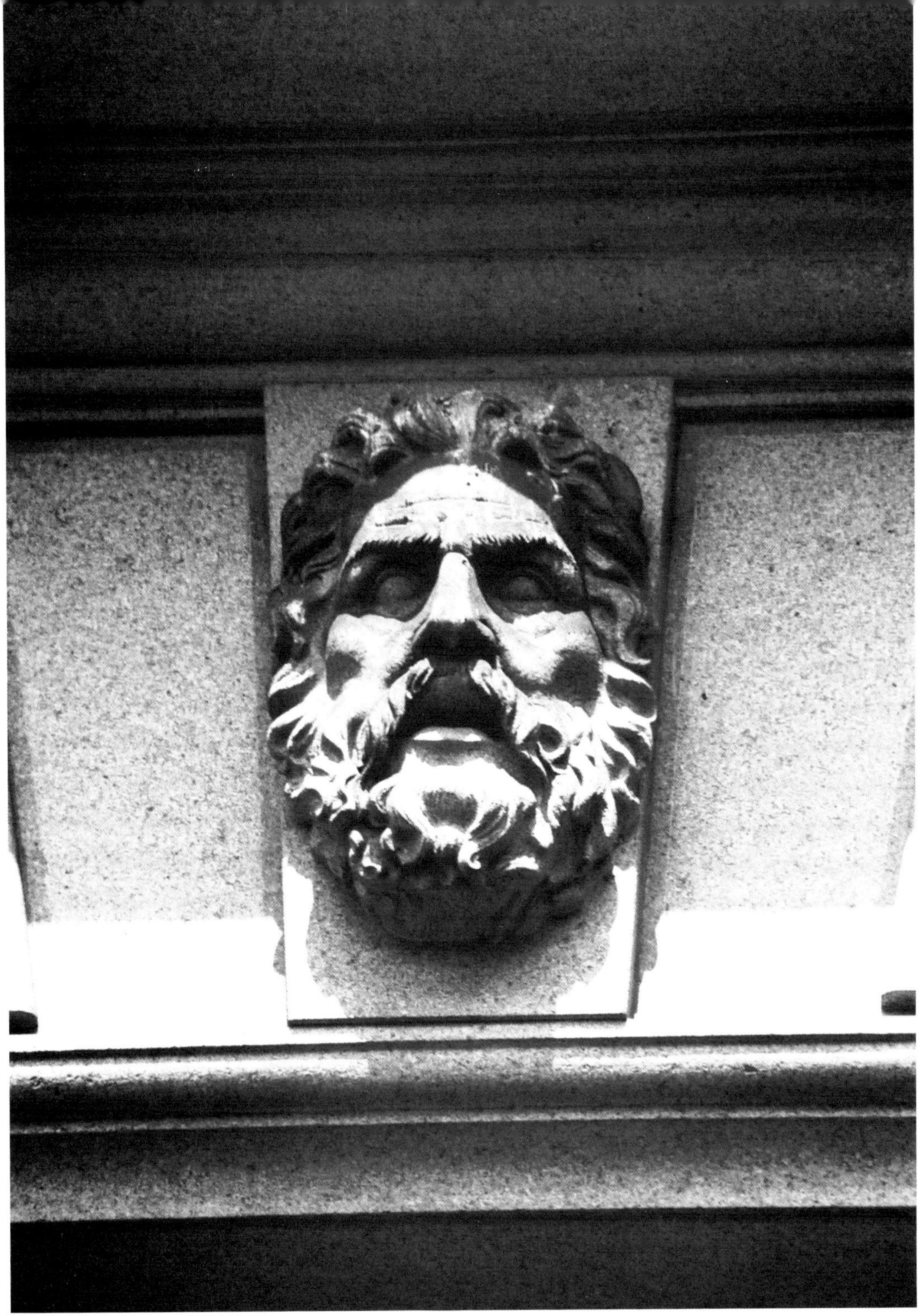

*Arcos, curvas, linhas, colunas, dobras
adornam o edifício,
que conta também com o olhar sisudo,
assertivo e austero
de seu zelador de pedra.*

Rua Três de Dezembro com Quinze de Novembro
(foto: Luciana Fátima)

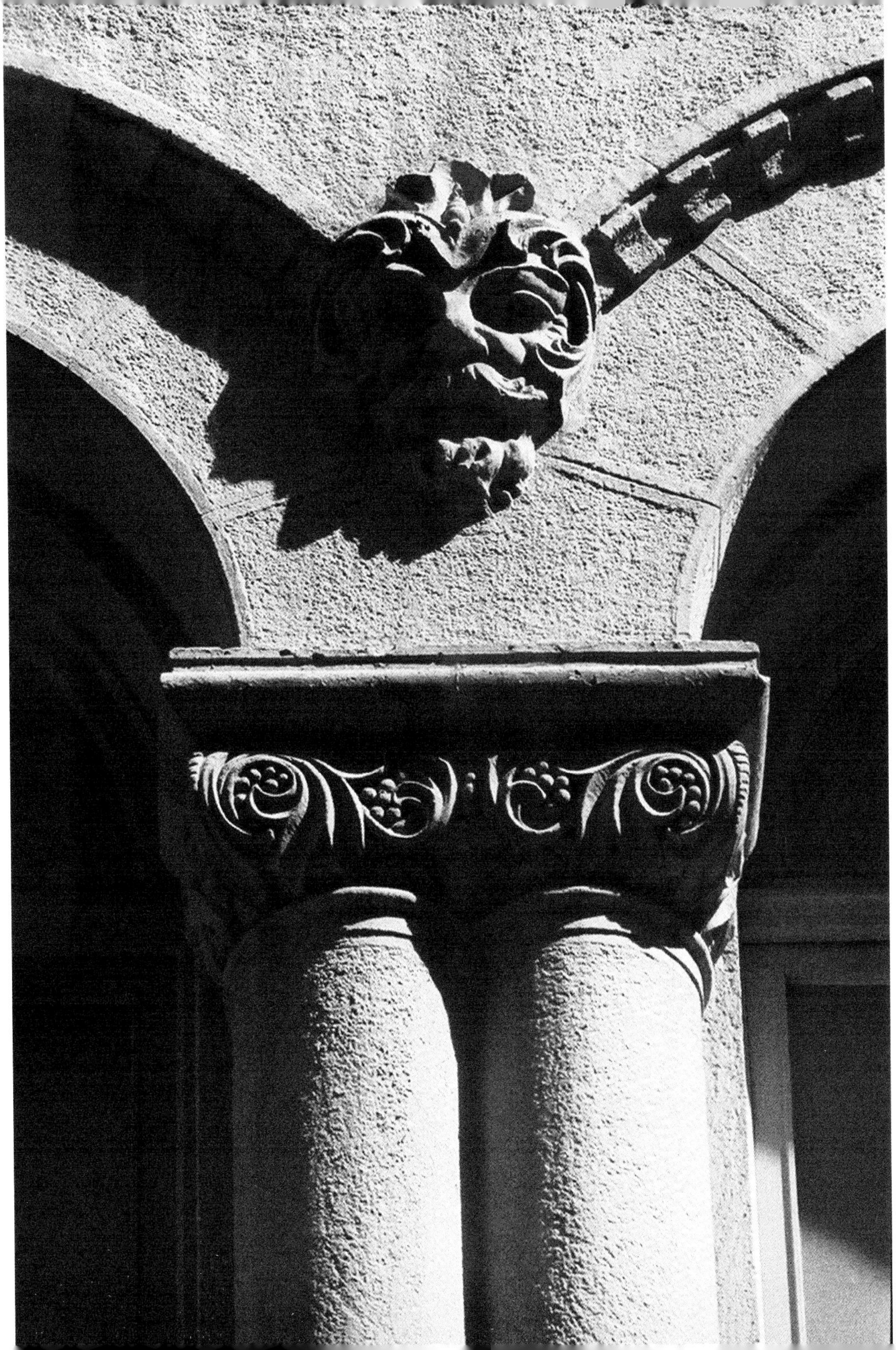

*Quem transita pela sua frente
talvez pense que a cidade
não a queira mais.
As paredes dão a impressão
de querer vir abaixo.
As tintas demonstram cansaço.
Somente o seu sorriso
humaniza, acalenta, acolhe.*

Rua Florêncio de Abreu, 333, 337, 339 e 343
(foto: Arlindo Gonçalves)

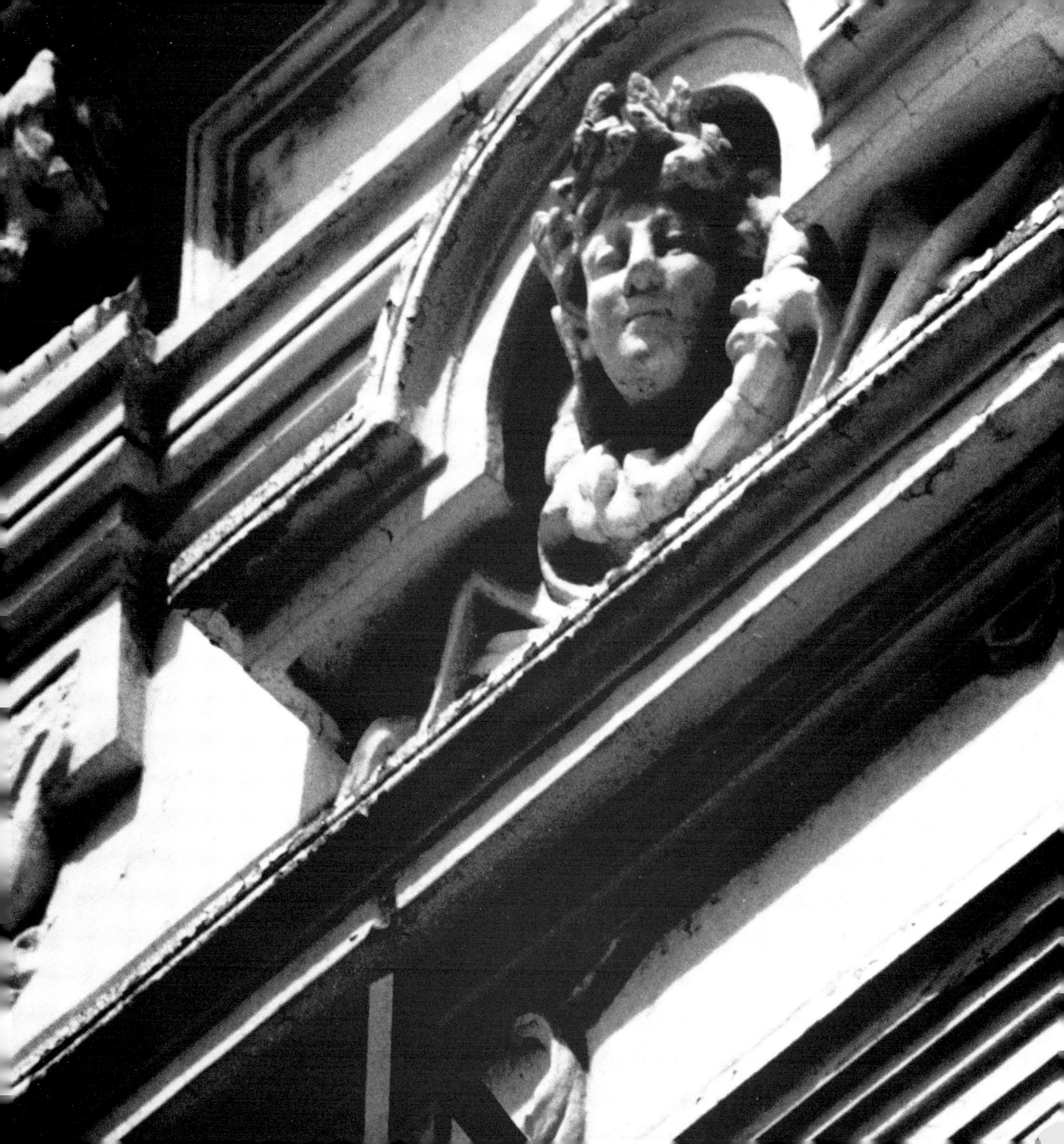

*A chuva cai,
escorre apressada pelas calçadas...
Enquanto as pessoas tentam inutilmente
abrigar-se das pesadas gotas,
as faces de pedra contemplam a metrópole.*

Praça Ramos de Azevedo, s/n
(foto: Luciana Fátima)

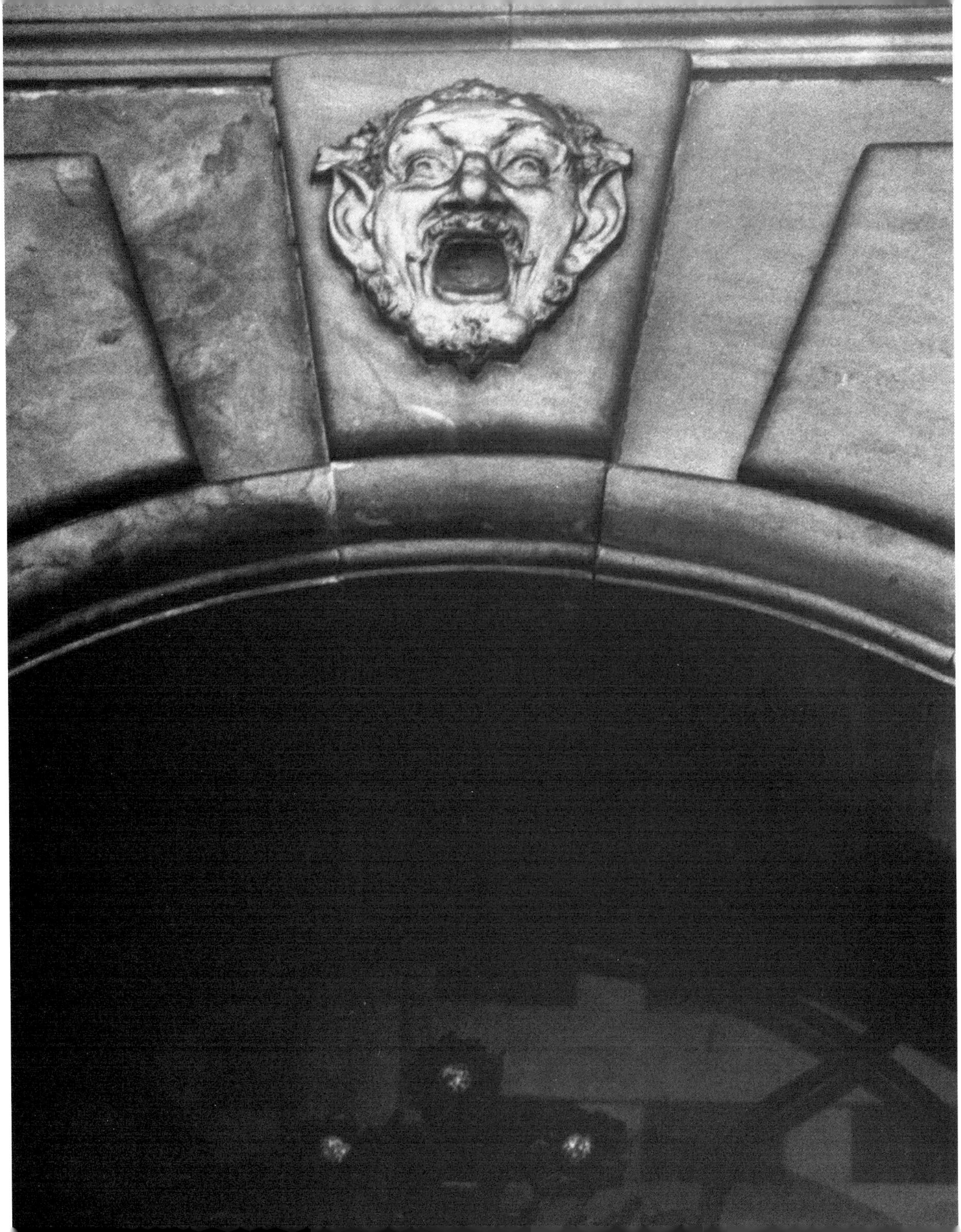

*A lira da cidade é tocada todos os dias
pelas pessoas que caminham por suas ruas.
E, durante a caminhada, não há
como não ser tocado pela poesia urbana.*

Rua Quintino Bocaiúva, 22
(foto: Arlindo Gonçalves)

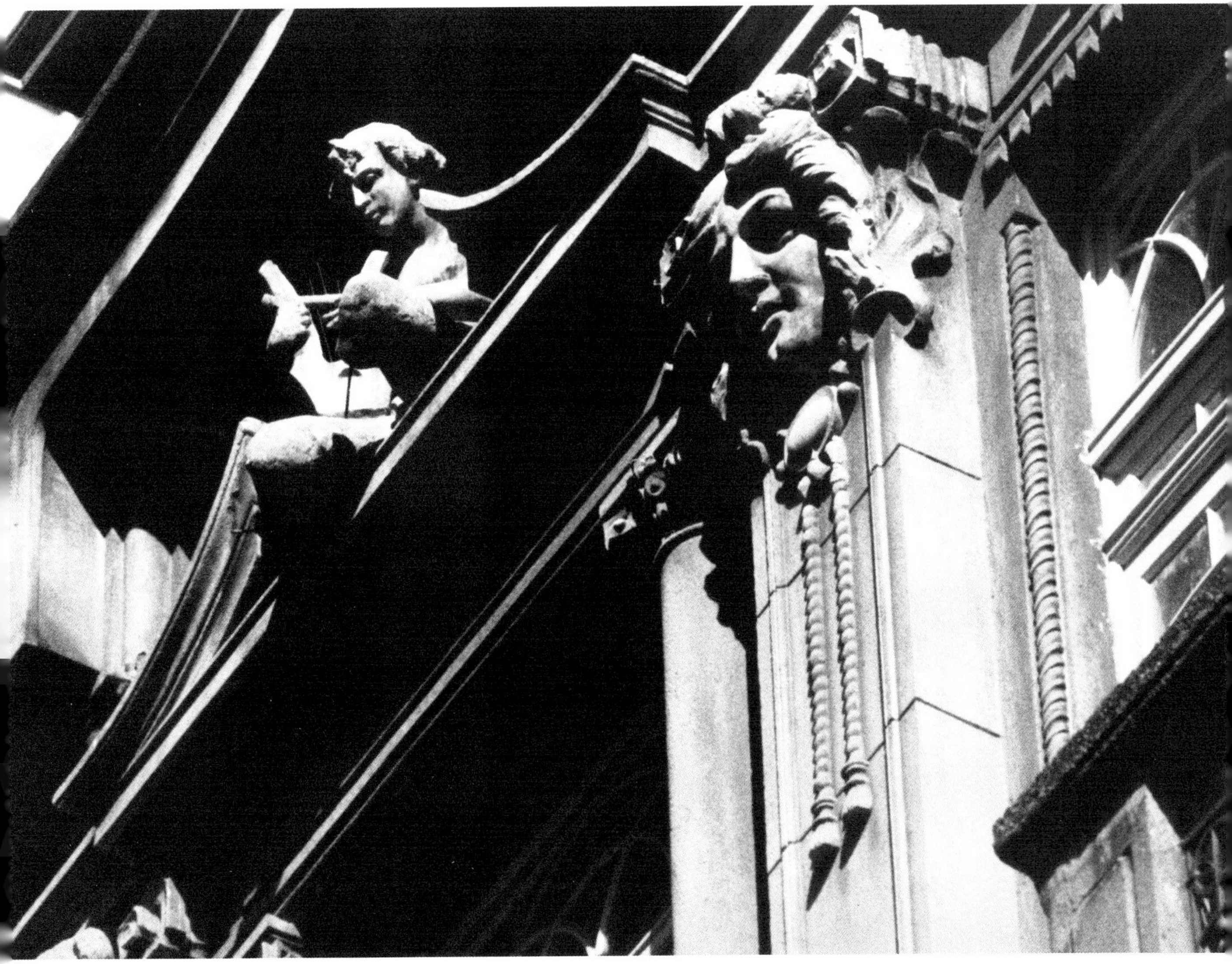

*Princesas imaginárias
habitam estes castelos.
Fantasmas centenários
assombram estas ruínas.
Memórias inenarráveis
invadem estes casarões.
Tantos personagens;
uns lembrados,
outros esquecidos...
Todos invariavelmente compõem
o imaginário urbano desta cidade.*

Rua Quinze de Novembro, 251
(foto: Luciana Fátima)

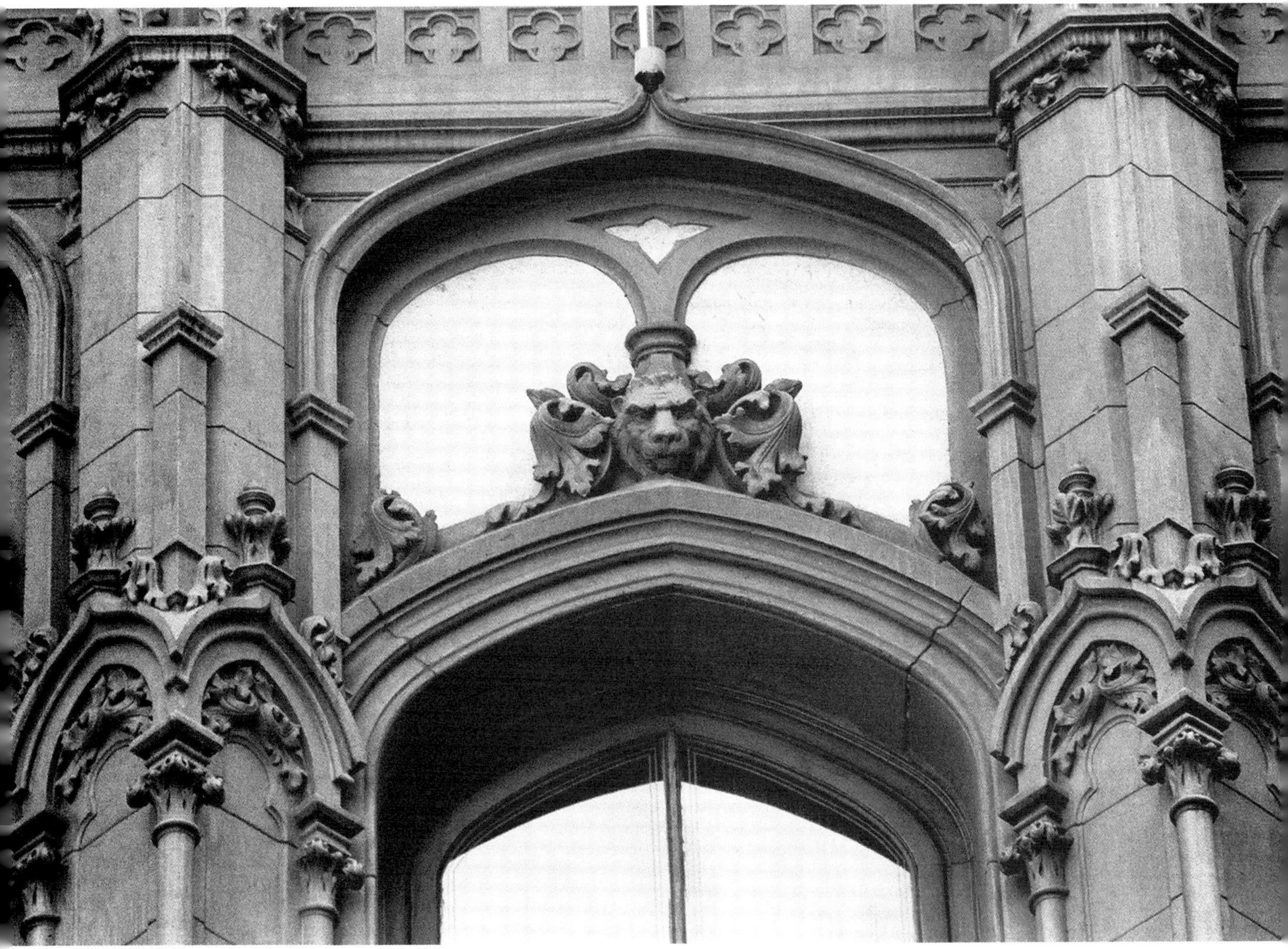

Rígida, austera, assertiva,
mira os objetivos.
Planeja mensagens entregar.
A cidade almeja futuro melhor alcançar.

Pateo do Collegio, 73
(foto: Arlindo Gonçalves)

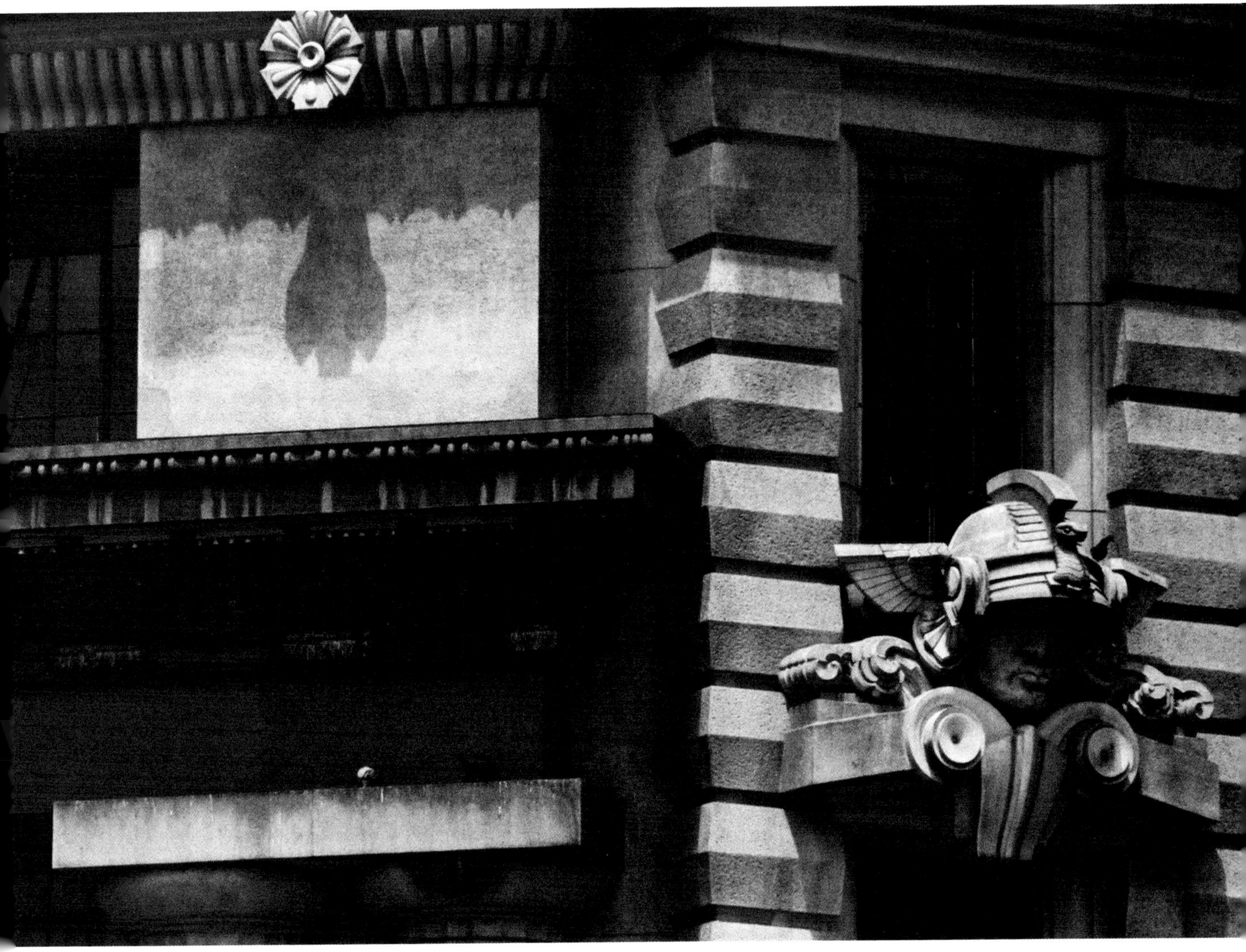

*Cheiros, cores, sabores,
movimento, cuidado,
esforço e paixão.
Tudo embalado pelos longos muros,
adornados por belos rostos.*

Rua da Cantareira, 306
(foto: Arlindo Gonçalves)

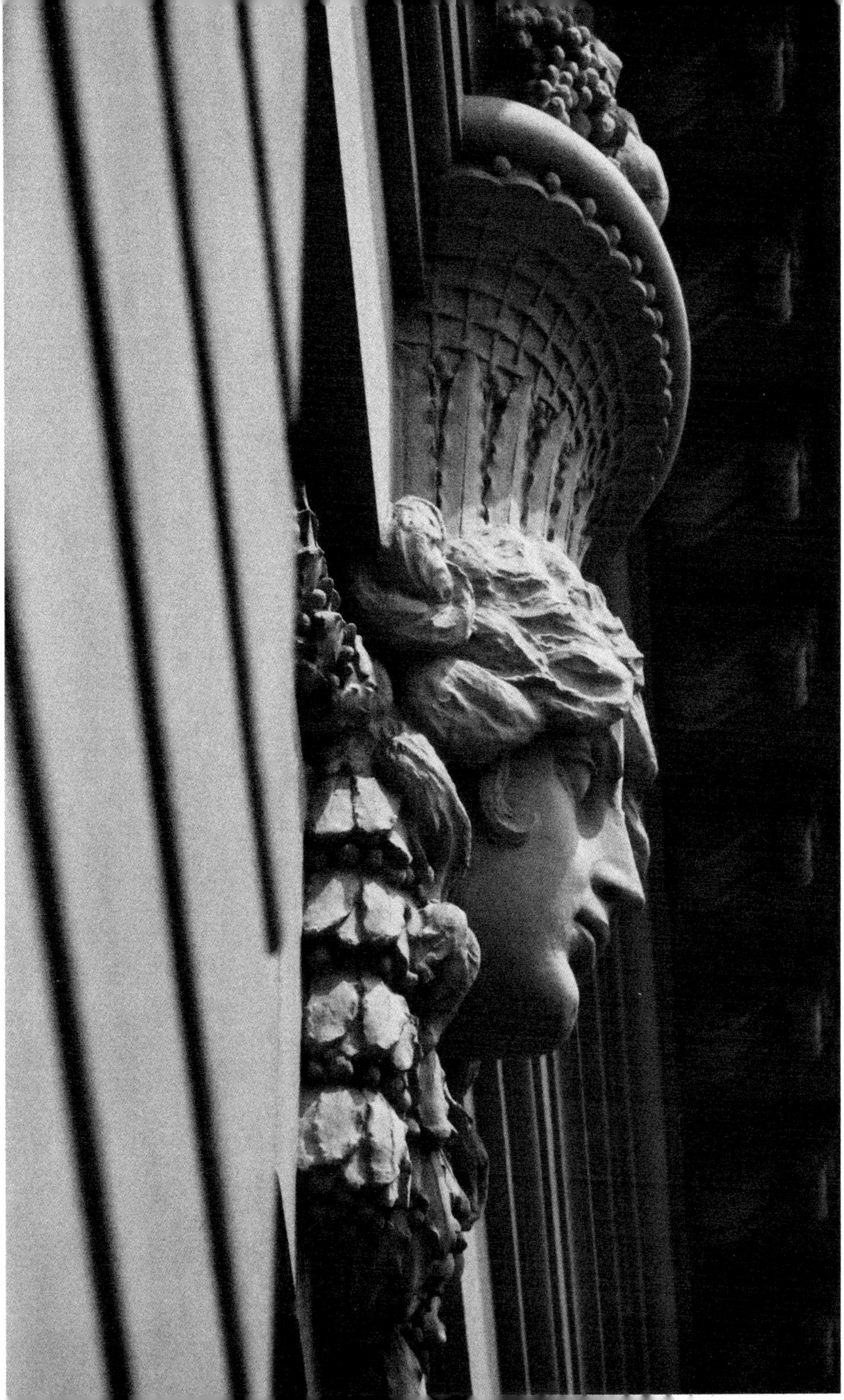

Motores, buzinas, xingamentos;
celulares, laptops, agendamentos...
E o sorriso terno, amigo,
como a desejar a eles sorte, sucesso
e a esperança de alguma calma em dias melhores.

Rua Florêncio de Abreu, 333, 337, 339 e 343
(Foto: Arlindo Gonçalves)

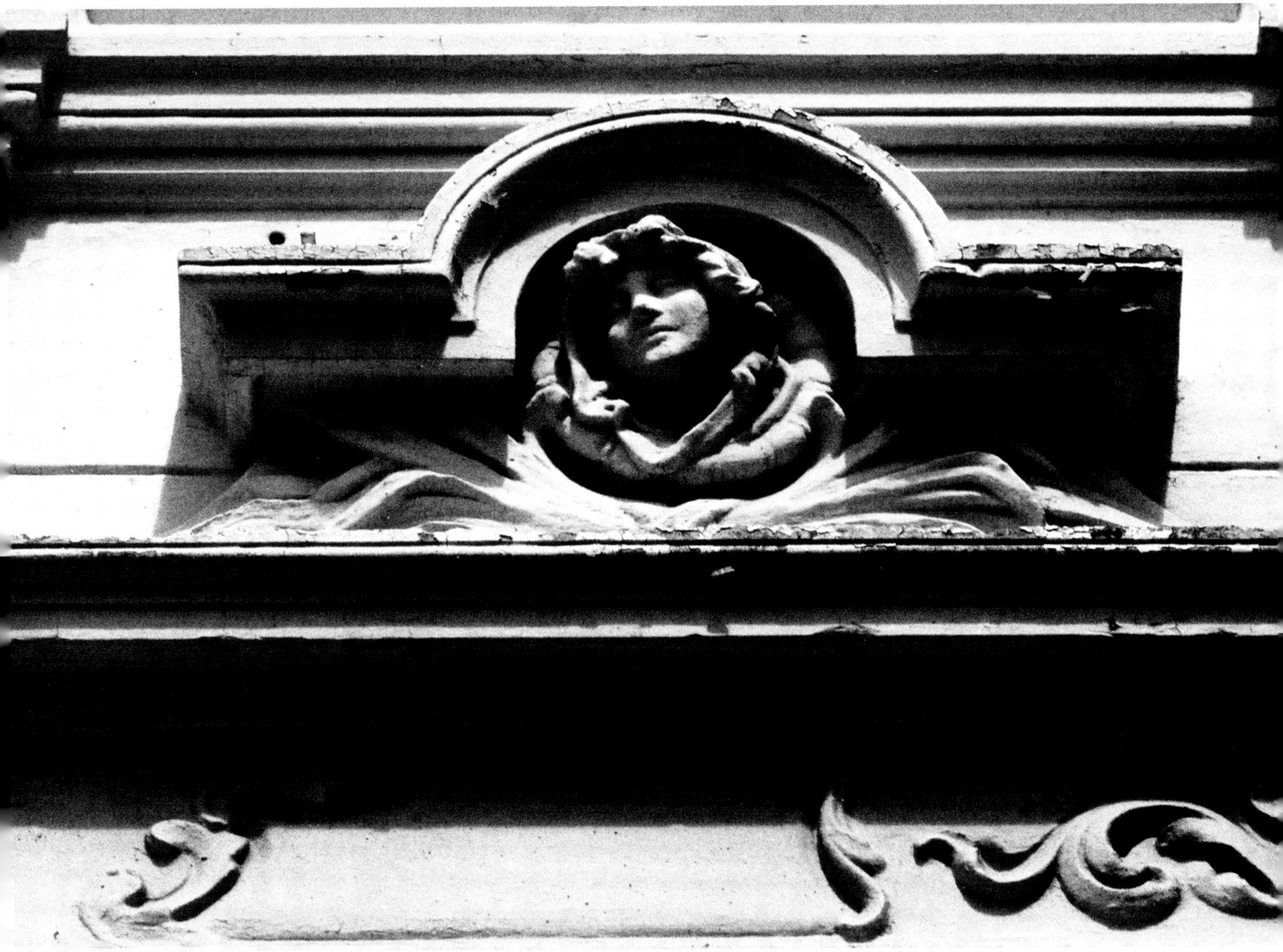

*Quem transitar por ali
e prestar à fachada
a devida atenção,
poderá pensar,
como eu assim fiz,
que na janela pode uma fresta existir,
e por ela passar uma brisa
refrescando os que no interior estão.
Tal brisa pode não ser sentida pelos de dentro.
Mais chances tem a carinha de
ser percebida pelos de fora.*

Rua Riachuelo, 33
(foto: Arlindo Gonçalves)

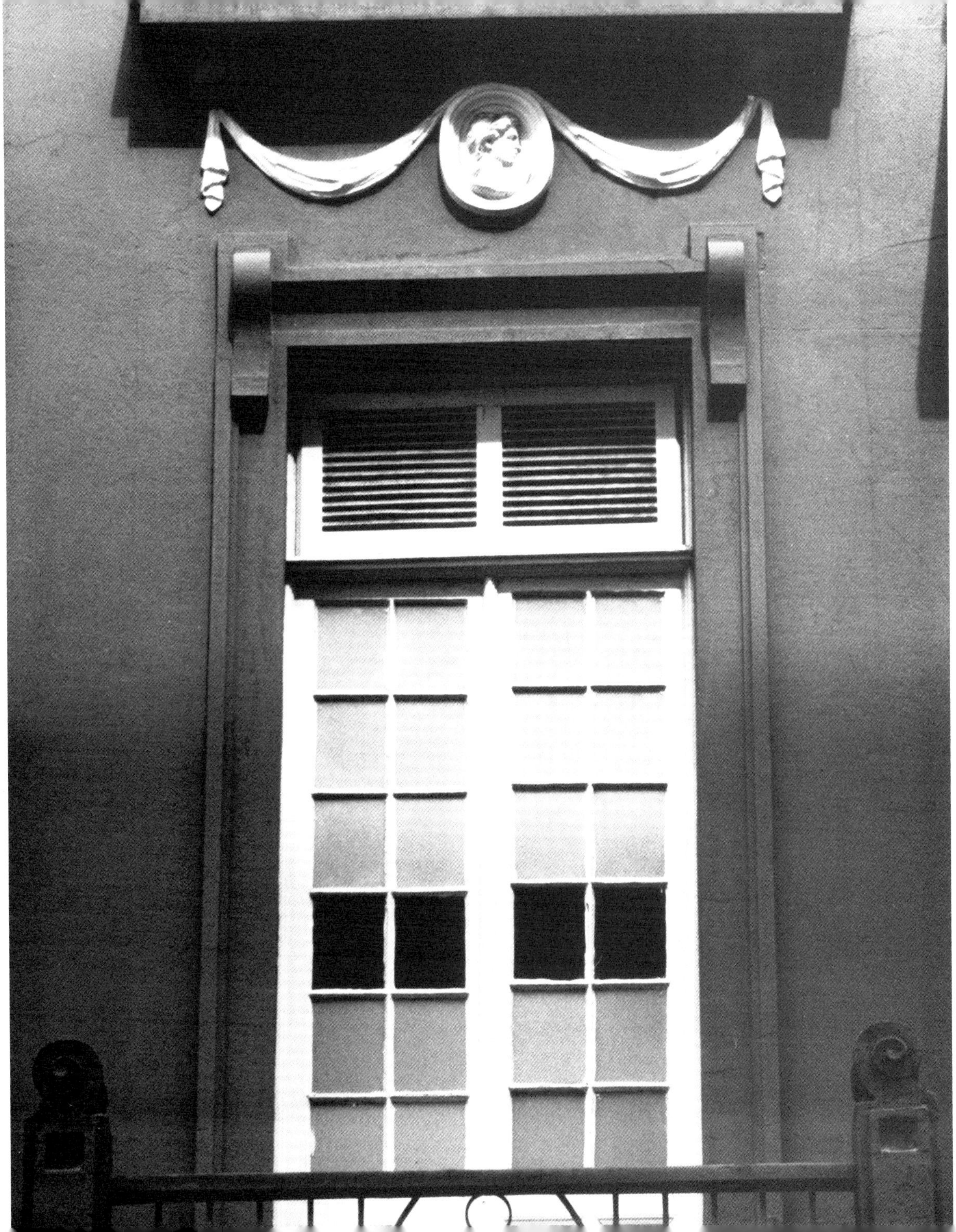

*As fachadas da cidade
escondem seres surpreendentes,
ora doces, ora ferozes,
sempre interessantes.*

Praça Clóvis Bevilacqua, s/n
(foto: Arlindo Gonçalves)

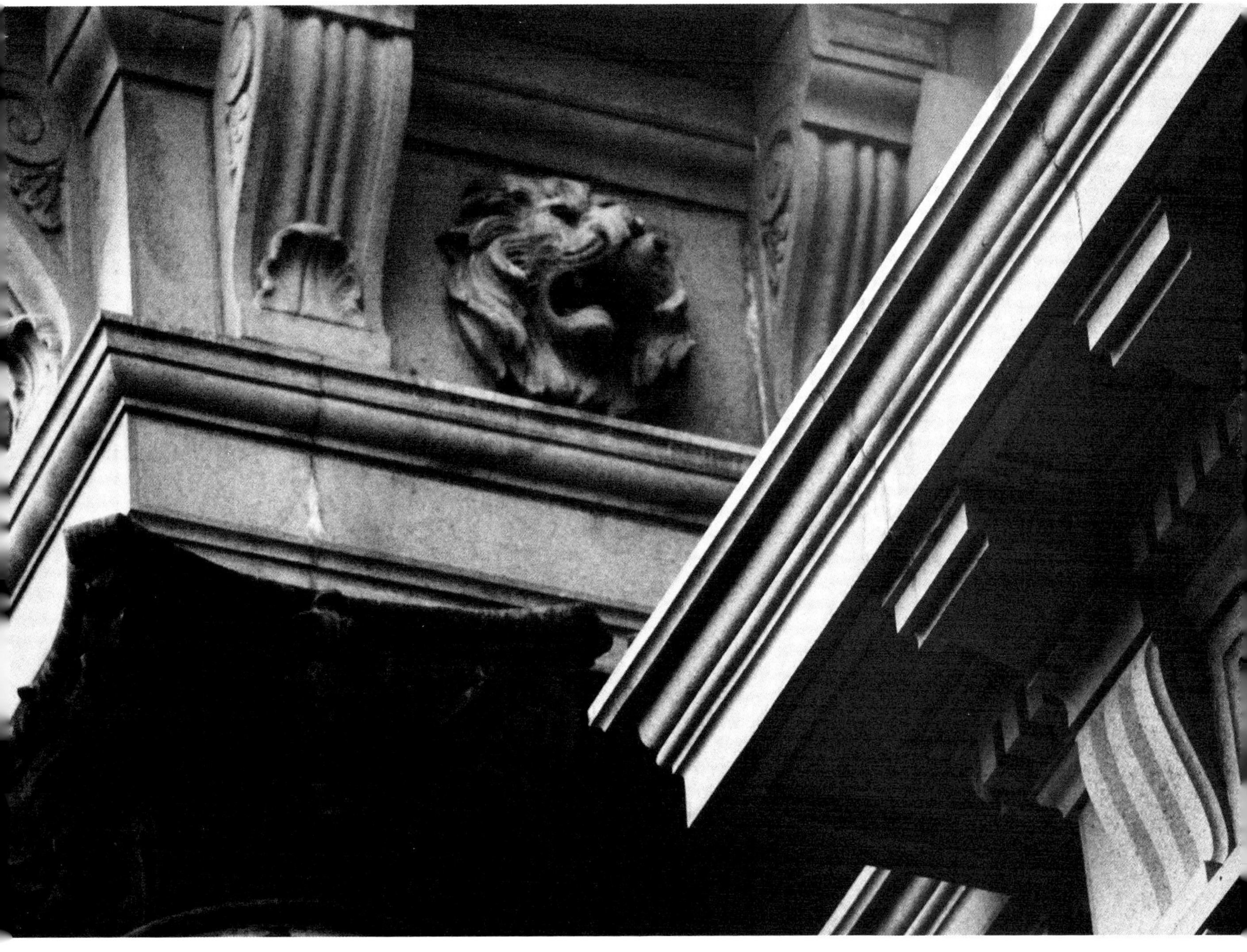

*Um grito irrompe
na ruidosa metrópole.
Clama para que o sentimento
há tanto represado possa eclodir
em um amor incondicional
que transborde por todas
as ruas e avenidas.*

Largo do Café, 11
(foto: Luciana Fátima)

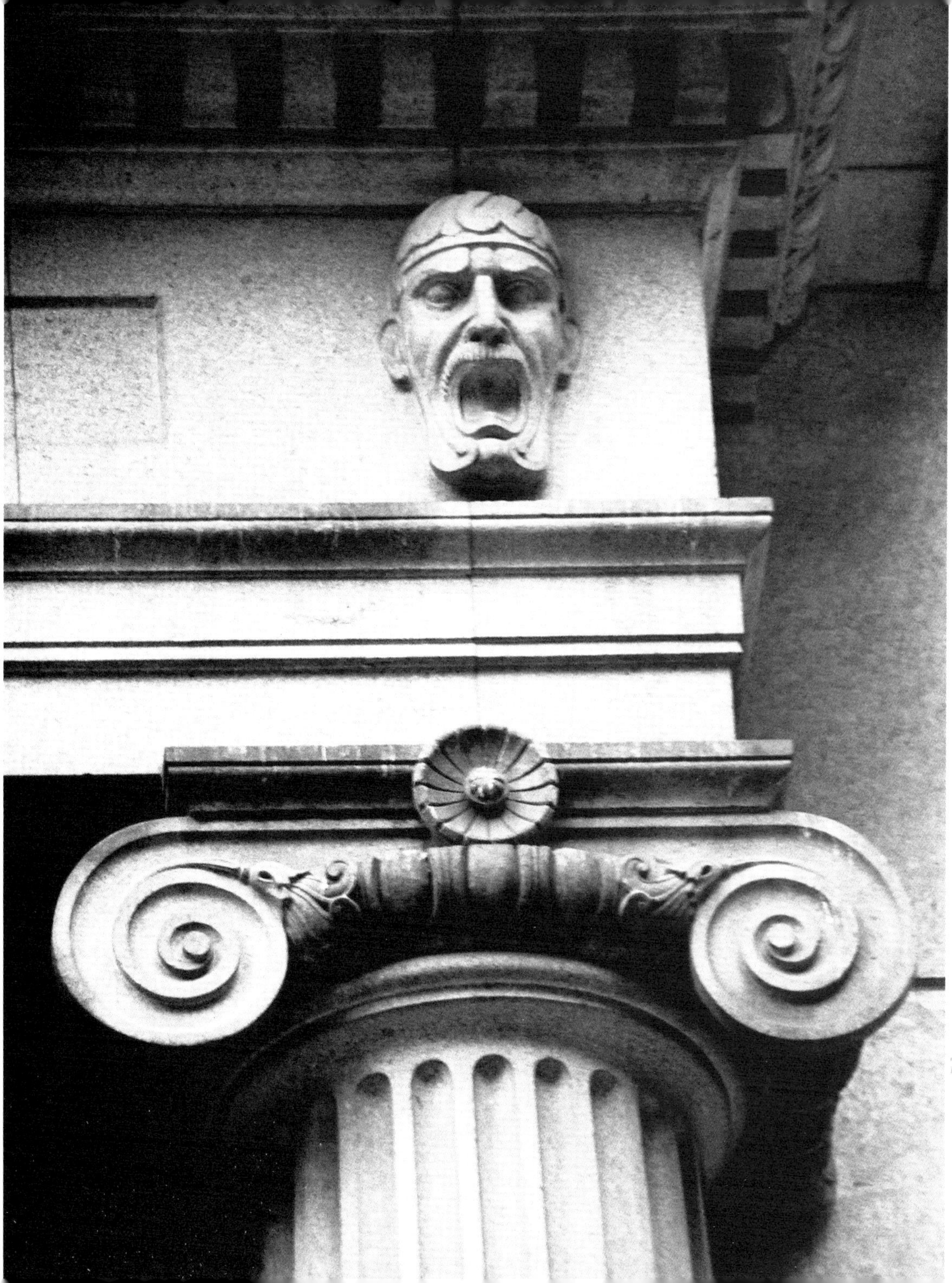

*São grandes as modificações
por ela vistas.
Desaparecimento de prédios amigos,
o surgimento de outros nem tanto.
Diversas transformações,
vários progressos,
muitas feridas.*

Rua Florêncio de Abreu, 123
(foto: Arlindo Gonçalves)

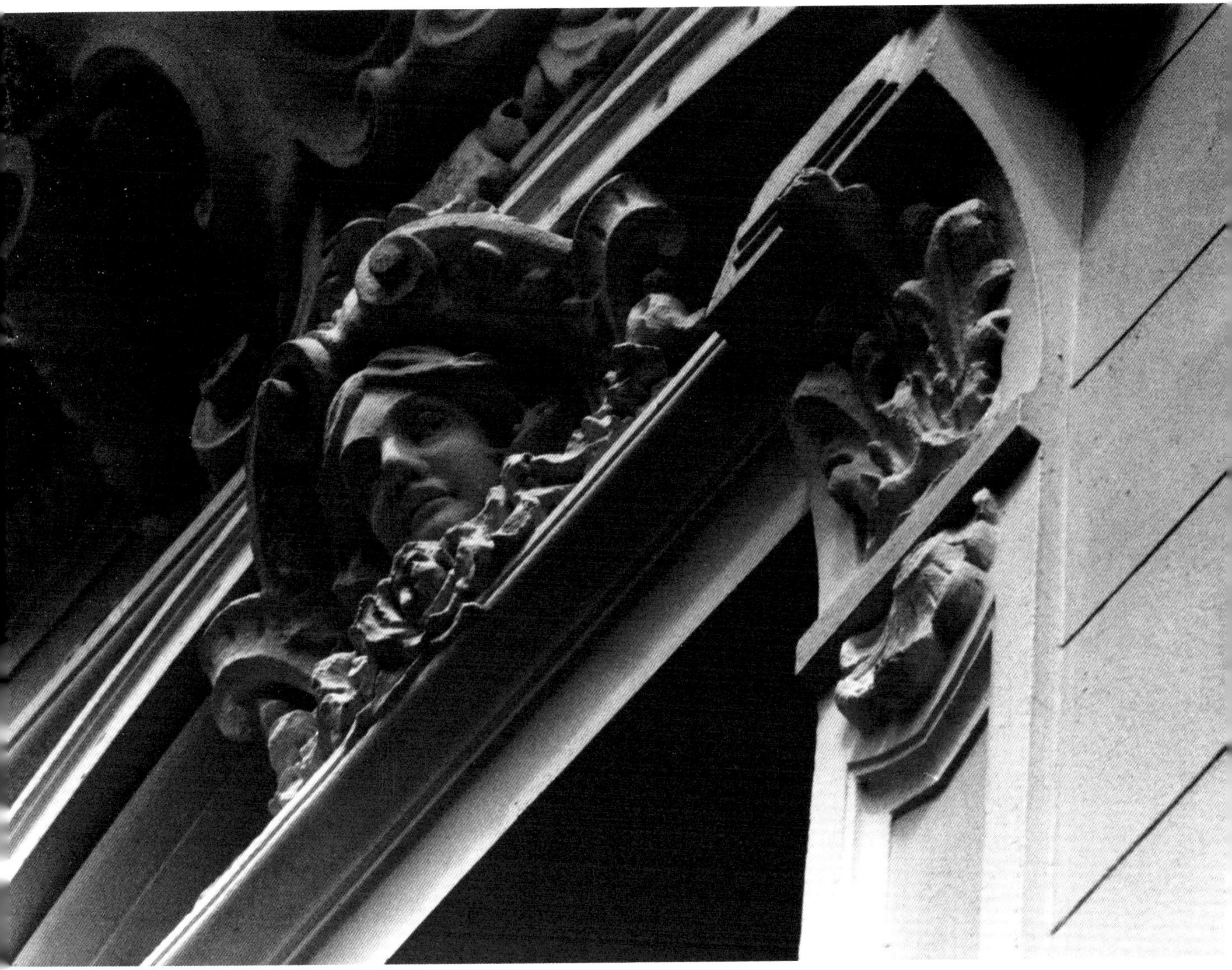

A cidade fala!
Grita...
pelo desespero das sirenes,
pela impaciência dos motores,
pelo murmurinho das pessoas.
E cala...
diante do silêncio grandioso
do concreto.

Rua da Quitanda, 126
(foto: Luciana Fátima)

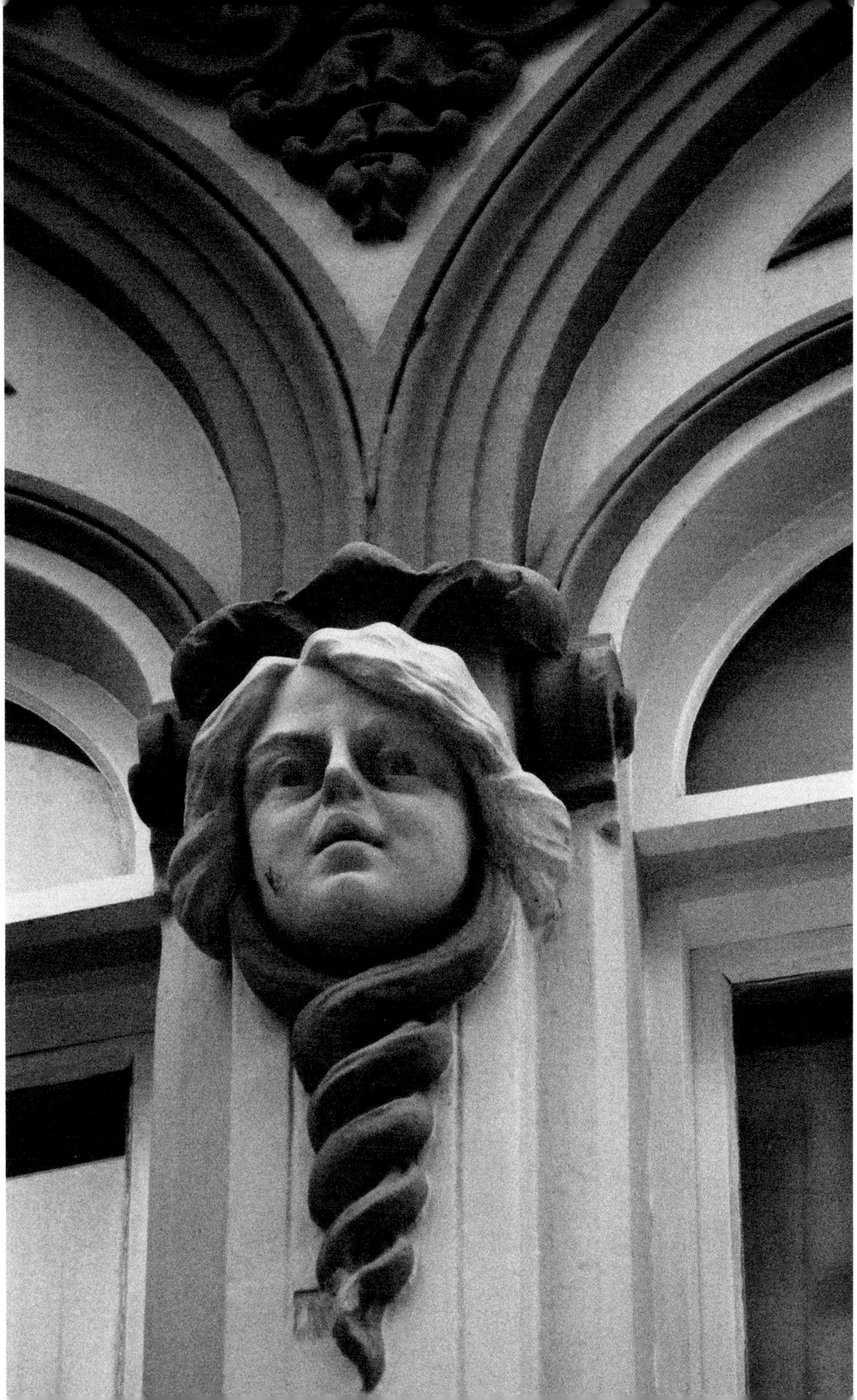

*Por entre os ensurdecedores
ruídos da cidade,
é possível adivinhar tantas coisas...
A pressa que consome,
o transporte que atrasa,
o amor que não chega.
E no meio de todo esse insuportável barulho,
ainda é possível ouvir
a suave melodia
do cantar dos pássaros.*

Av. Prestes Maia, s/n
(foto: Luciana Fátima)

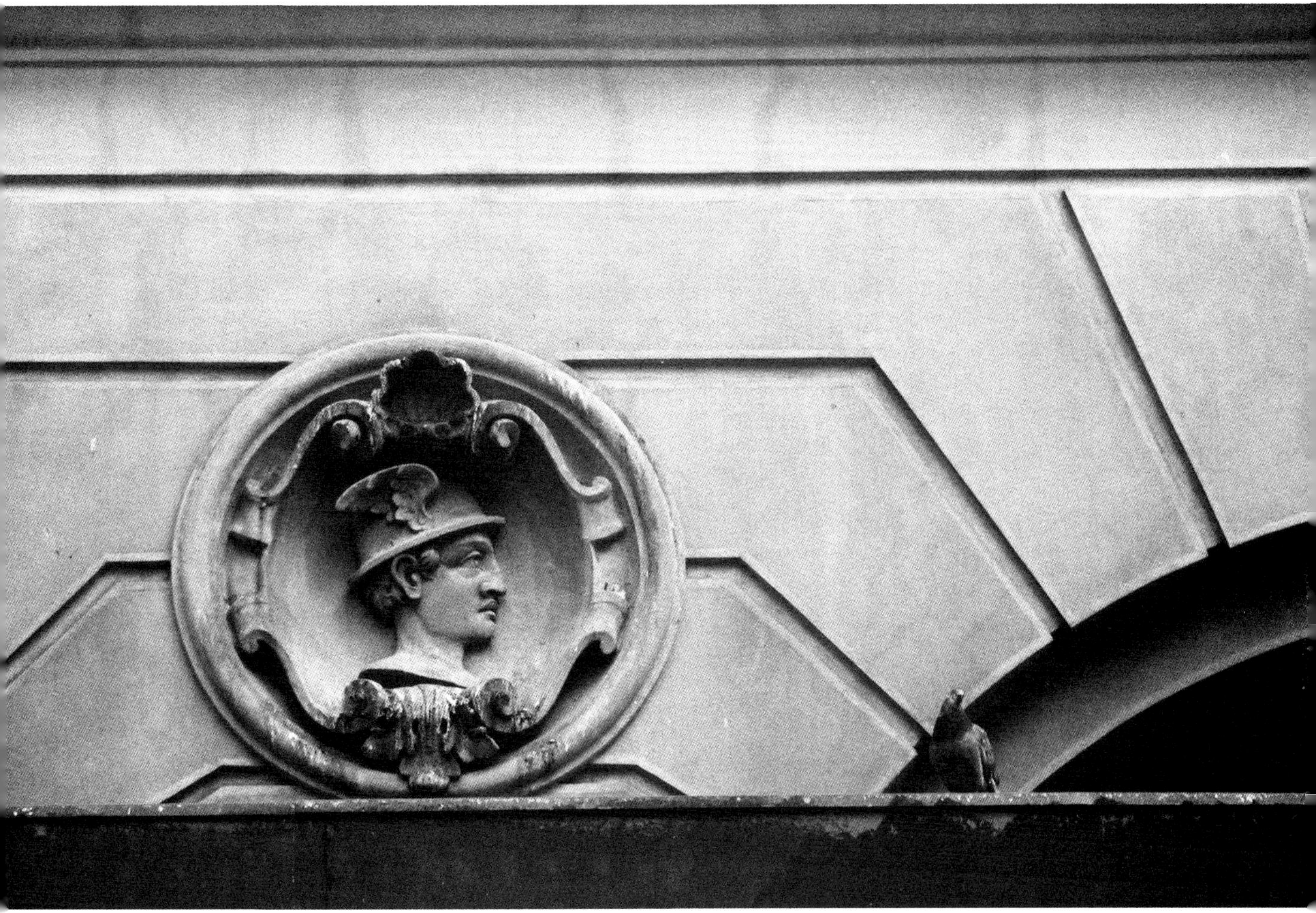

Sonhos de dias melhores,
imaginação que preenchia
com sentimentos otimistas
aqueles períodos amargos.
Alegria, entusiasmo nos parcos bons momentos.
Tudo isso de muito humano
um dia ali esteve,
embalado pelos braços de alvenaria.

Rua Treze de Maio, 353
(foto: Arlindo Gonçalves)

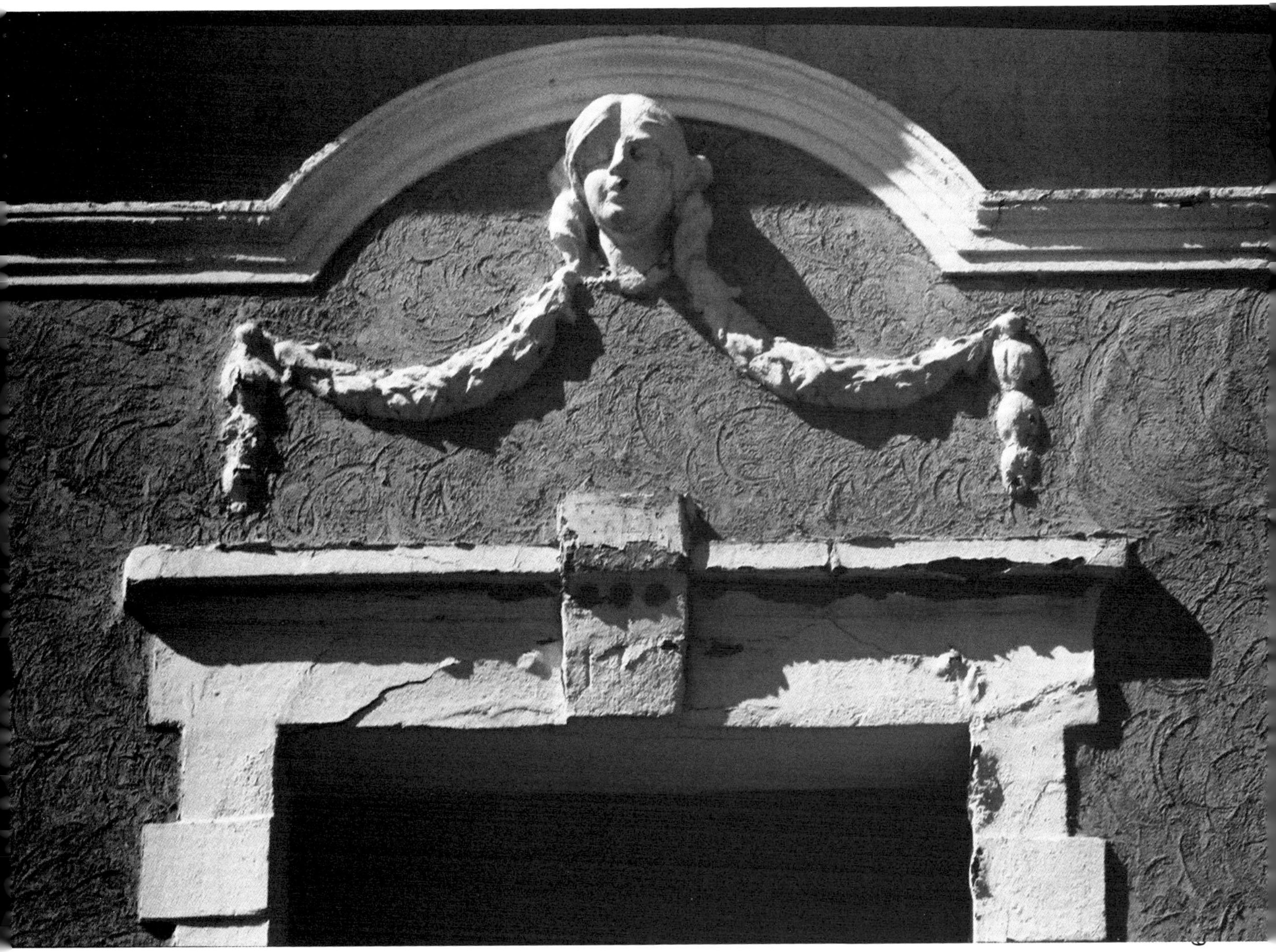

*O corpo de pedra percebe
o esforço do corpo de carne.
O perambular por ruas cheias
na busca de ocupação
que venha dar sentido aos dias vazios,
em meio a multidões
carregadas de atribuições.*

Rua São Bento, 87 a 103
(foto: Arlindo Gonçalves)

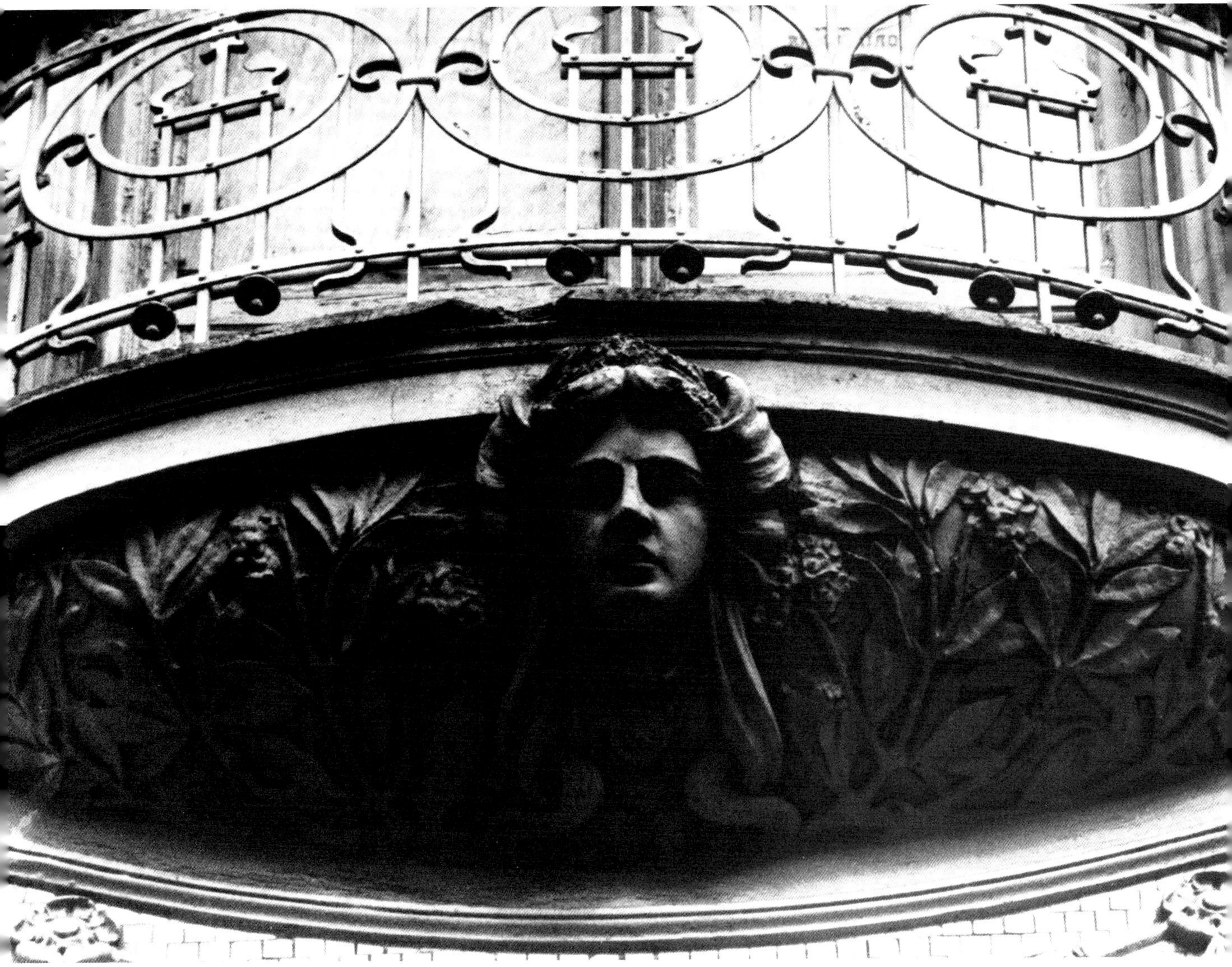

*Nossos olhos se fecham,
mas ainda é possível ver
tanta tristeza...
tanto abandono...
tanto descaso...
E a beleza onde está?
Nossos olhos procuram,
é tão difícil ver...
Por isso, as lágrimas rolam.
Por isso, choramos
silenciosamente.*

Av. Prestes Maia, s/n
(foto: Luciana Fátima)

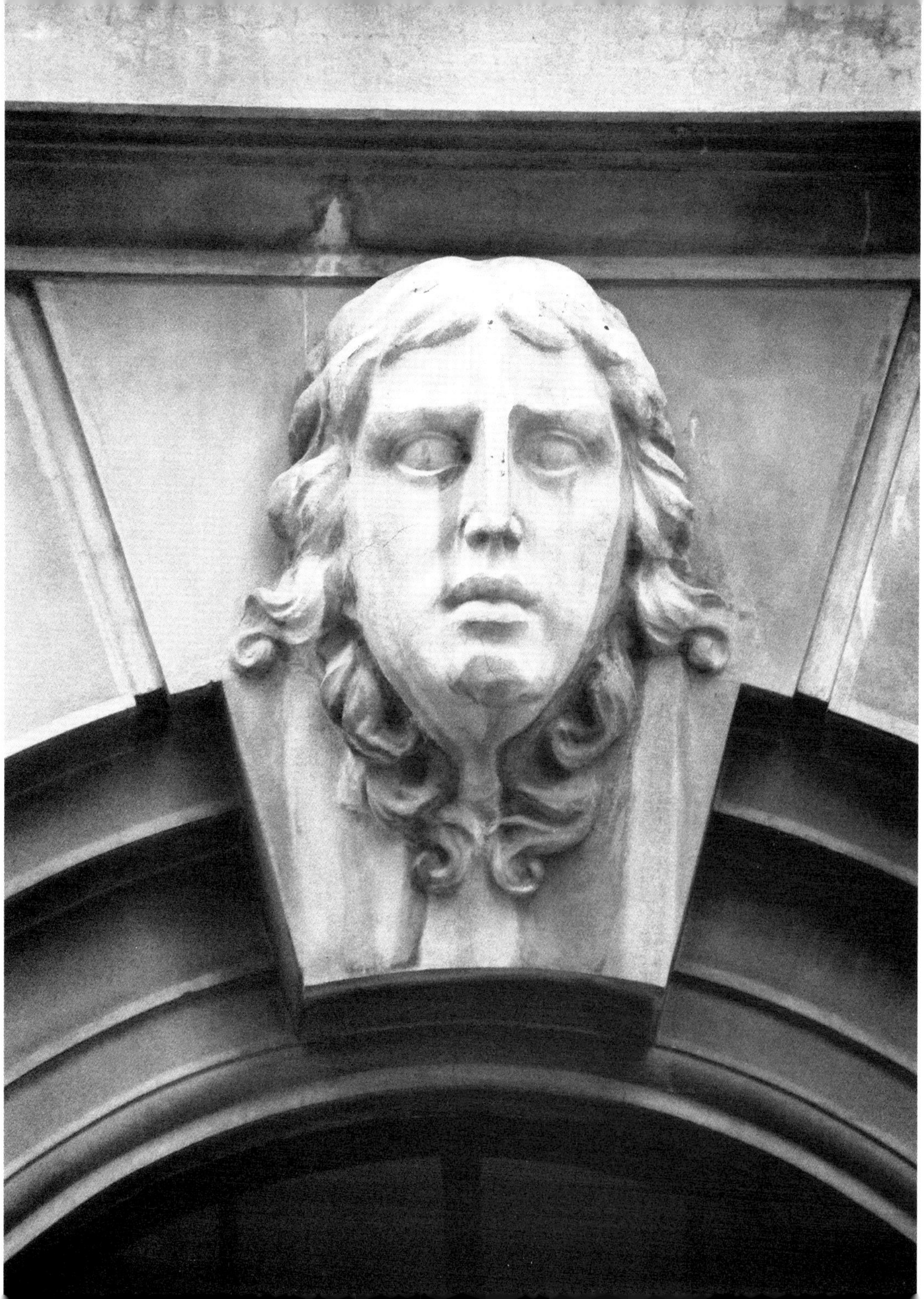

A luz espanta da cidade as suas sombras.
Gera tantas outras.
O olhar sério não julga
o que as sombras escondem
nem o que a luz mostra.
Apenas nos é testemunha.

Pateo do Collegio, 148
(foto: Arlindo Gonçalves)

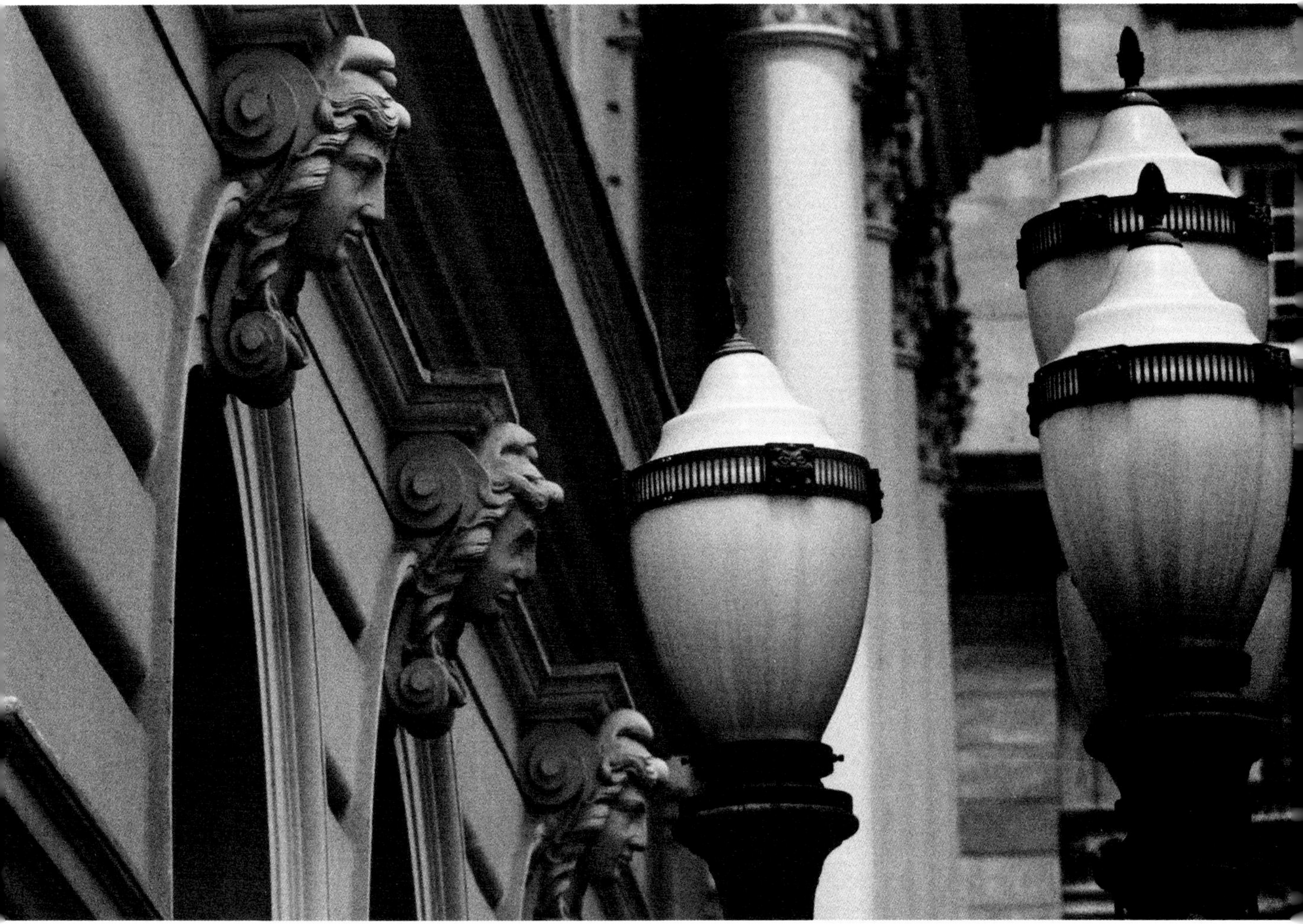

*Meus negros olhos buscam
o azul do céu,
o verde da natureza,
o vermelho do pôr do sol...
Mas, em meio a tanto concreto,
só vejo matizes de cinza
que não me deixam esquecer
onde estou, de onde venho e para onde vou.*

Largo de São Bento, s/n
(foto: Luciana Fátima)

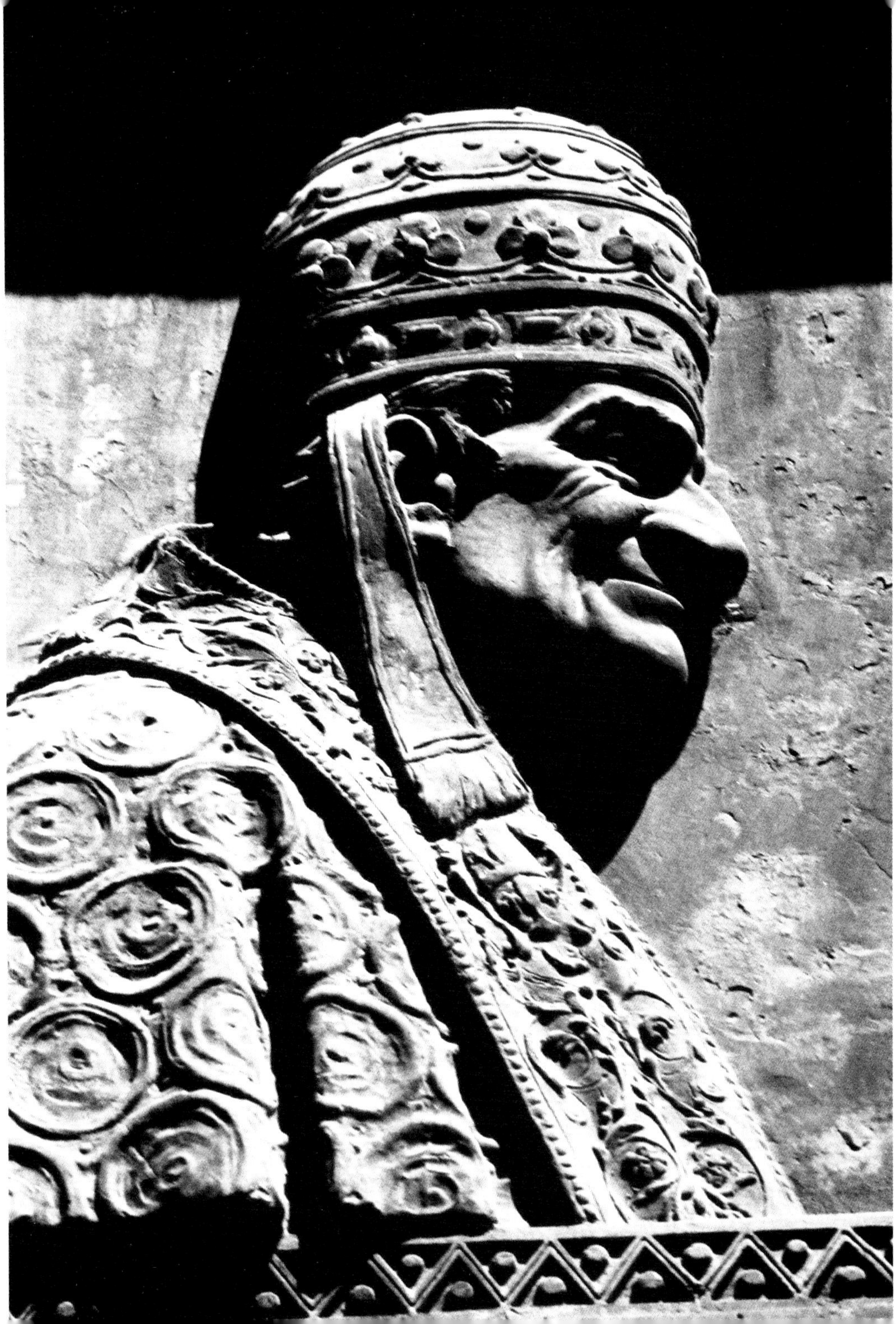

Você está atônito.
O olhar confessa seu desvario.
Os lábios tremem e não projetam o que você gostaria de dizer.
A perplexidade prova seu deslocamento.
É como se acordasse de um sono intenso,
que o fez perder as piores coisas que a cidade fez,
como se fossem as melhores coisas que tiveram de ser feitas.
Você percebe que sua avenida sumiu.
Seu grito não sai, apenas um lamento inaudível é proferido.
E choramos juntos porque perdemos a avenida
e porque estamos sozinhos.

Av. São João, 118
(foto: Arlindo Gonçalves)

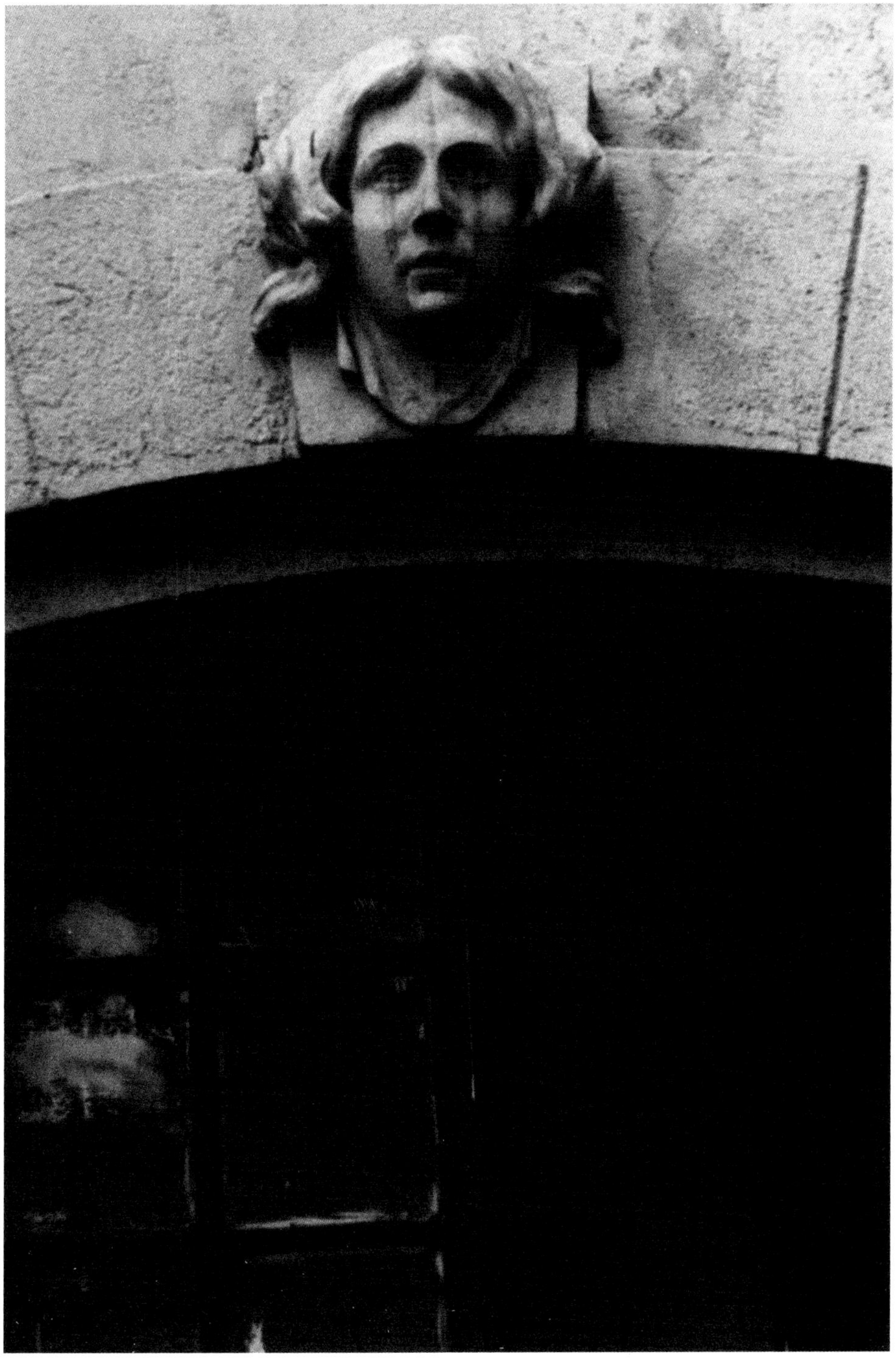

*Em pouco mais de um século
eu vi acontecer tantas coisas...
Os bondes, a luz elétrica, os automóveis, o metrô.
As gentilezas indo embora...
Quem, como eu, viu o passado
não reconhece a cidade do presente.*

Rua Riachuelo, 33
(foto: Luciana Fátima)

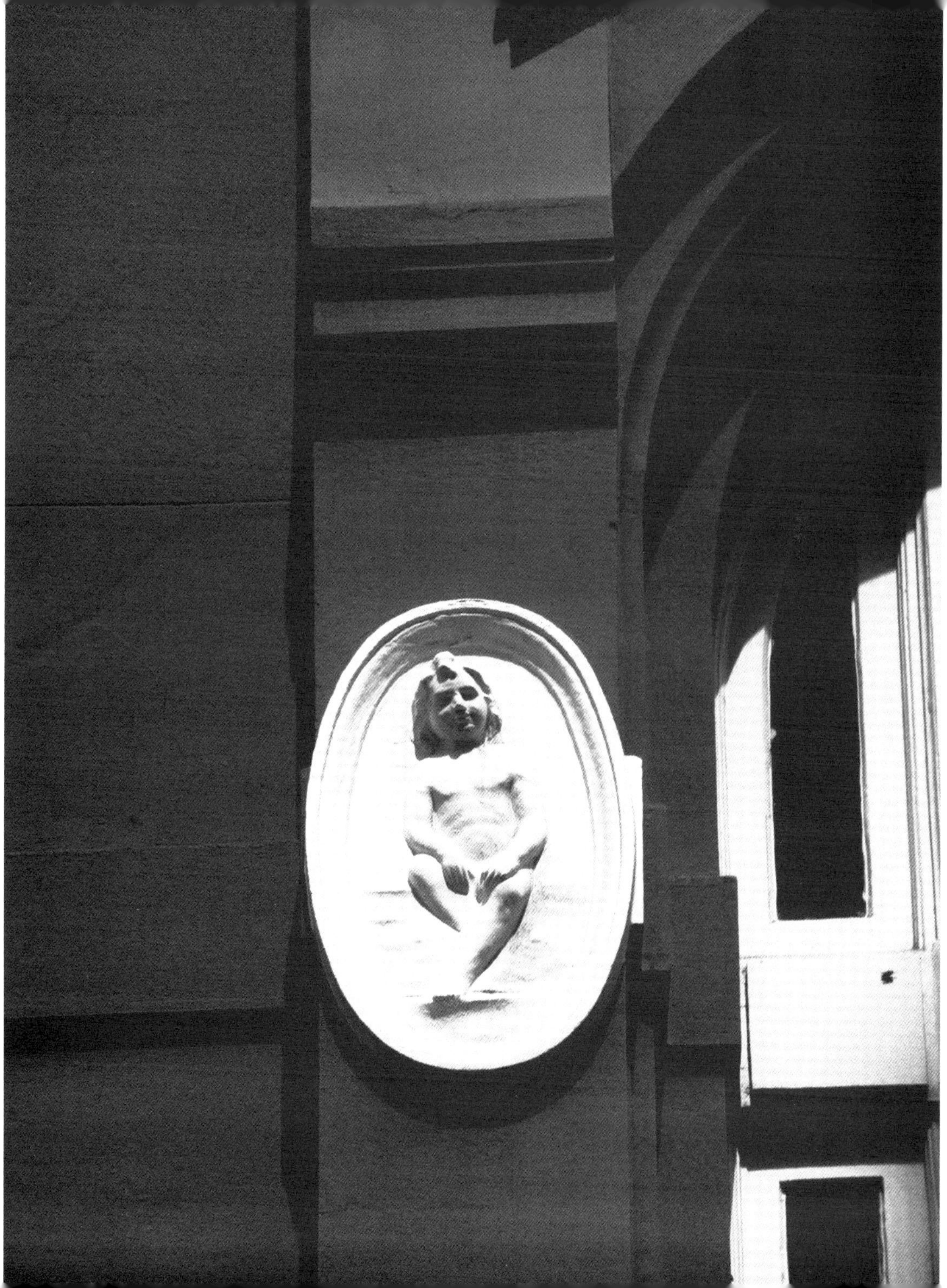

Os vigias da cidade tudo veem.
O velho vendendo mapas,
a mulher servindo café,
o catador de papéis arrastando seu carrinho,
o cachorro latindo.
Sim, os olhos de pedra a tudo veem.

Rua Florêncio de Abreu, 58
(foto: Arlindo Gonçalves)

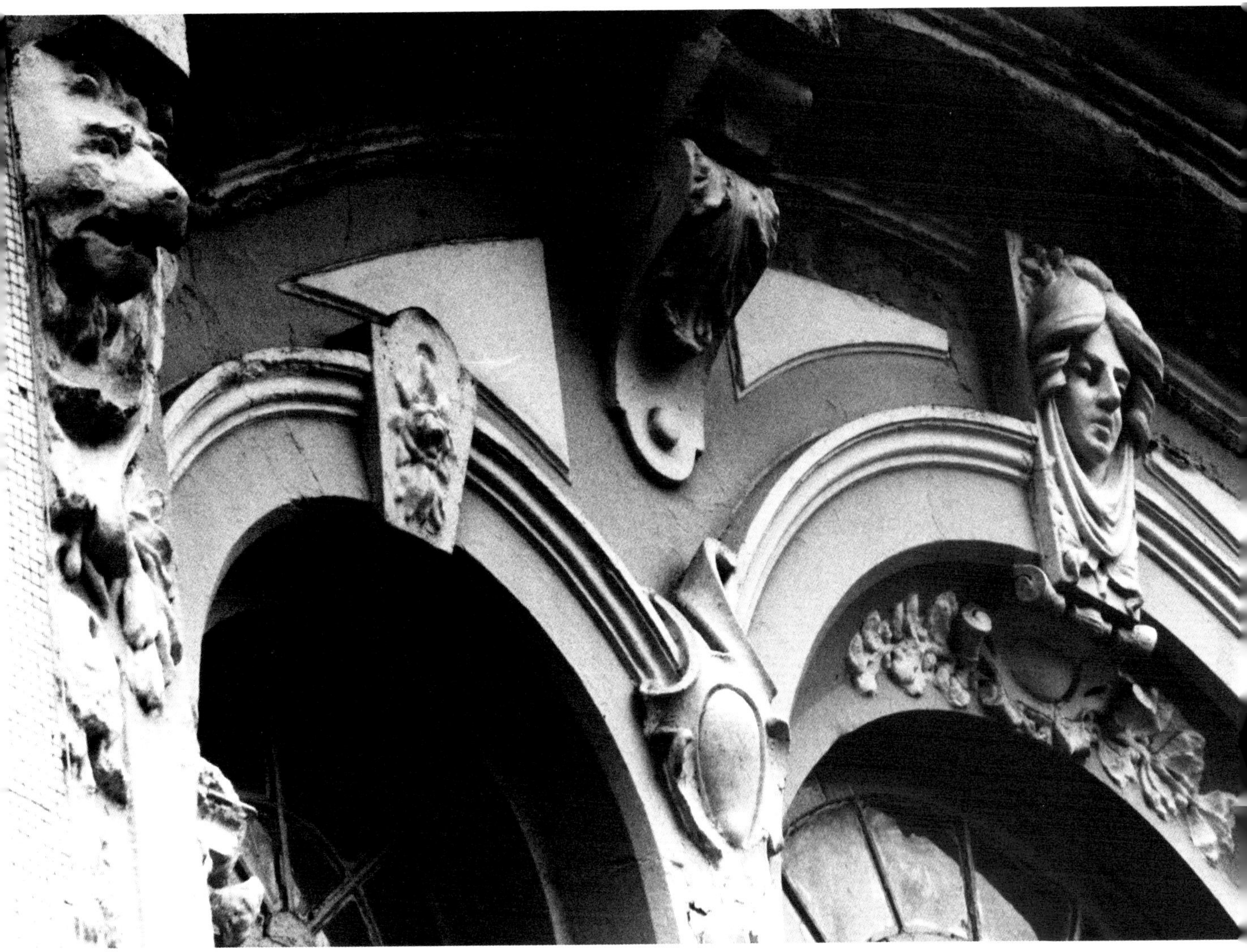

*Selva de concreto!
Que batido clichê
usado à exaustão
para te descrever.
Mas difícil é negar
que existem
exemplares de fauna
a nos observar.*

Pateo do Collegio, 148
(foto: Luciana Fátima)

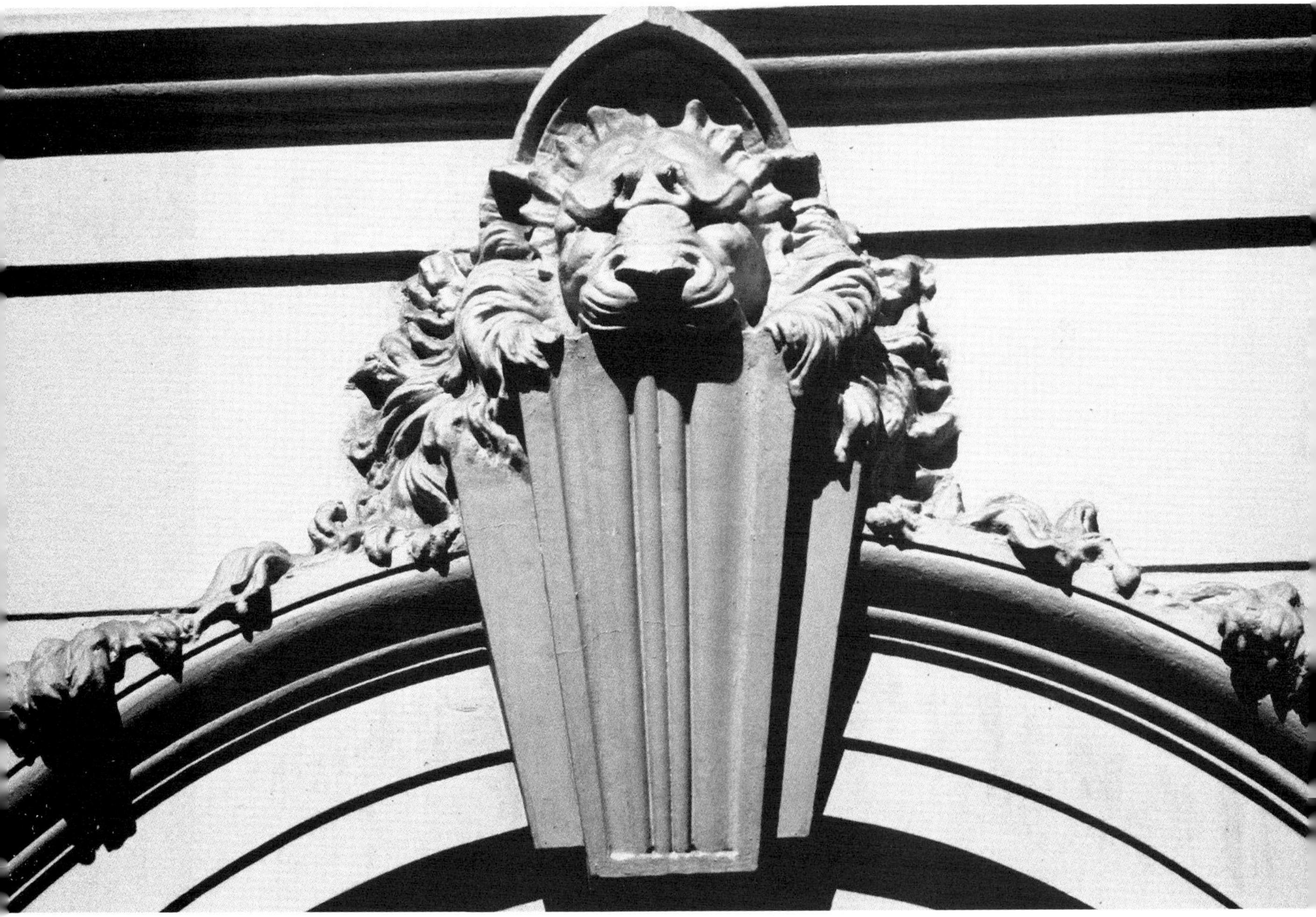

*Enquanto milhões de pessoas
desfilam apressadas pelas ruas,
pode-se fitar a mansidão.
A pressa faz com que todos percam seus rostos;
ninguém mais tem expressão.
A única face que resta é a do impassível concreto
que observa, ao cair da noite, a escuridão.*

Praça Clóvis Bevilacqua, s/n
(foto: Luciana Fátima)

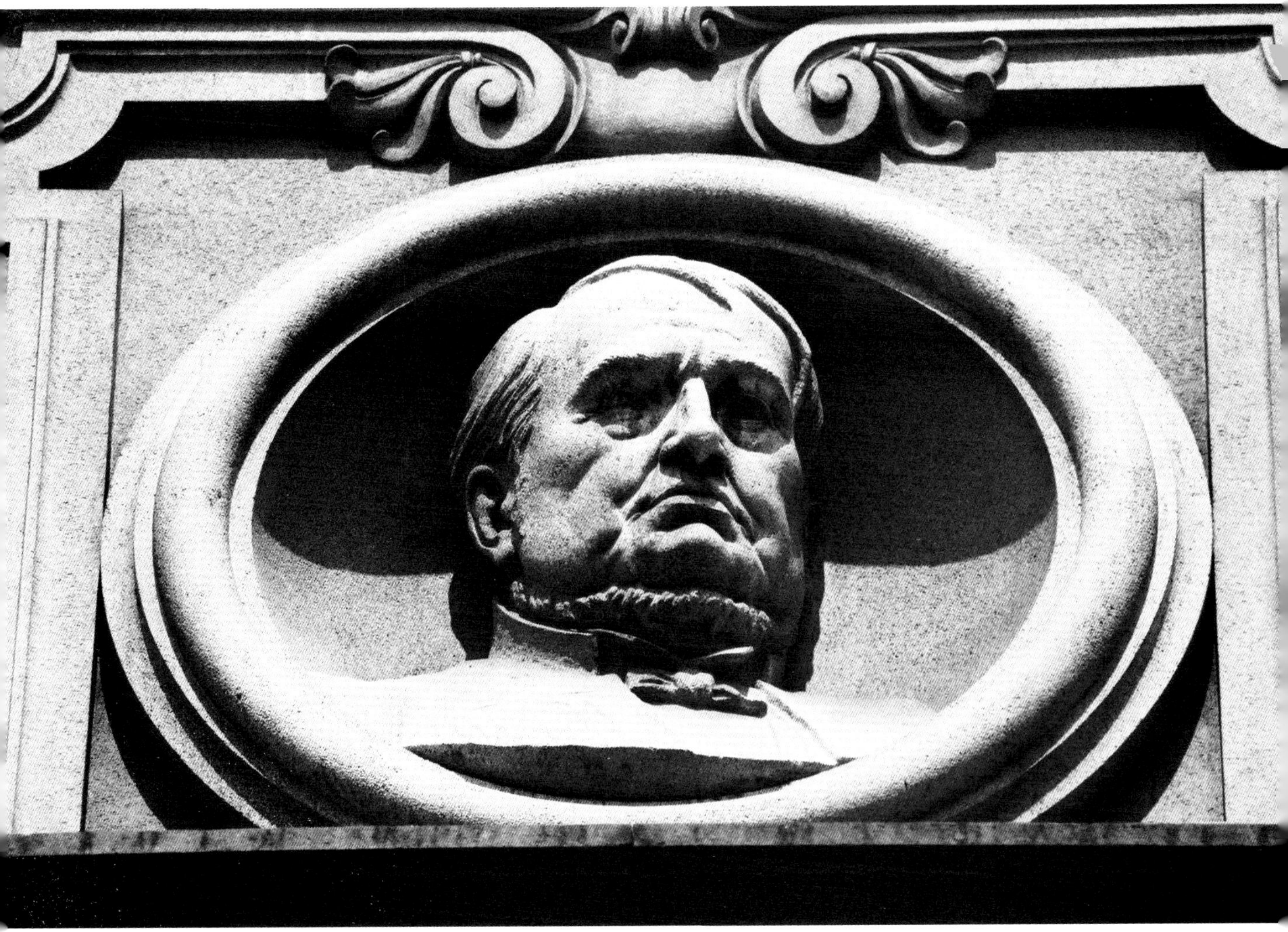

*Um mendigo gritando,
um crente pregando,
um músico tocando
e a carranca a tudo espreitando.*

Praça Ramos de Azevedo, s/n
(foto: Arlindo Gonçalves)

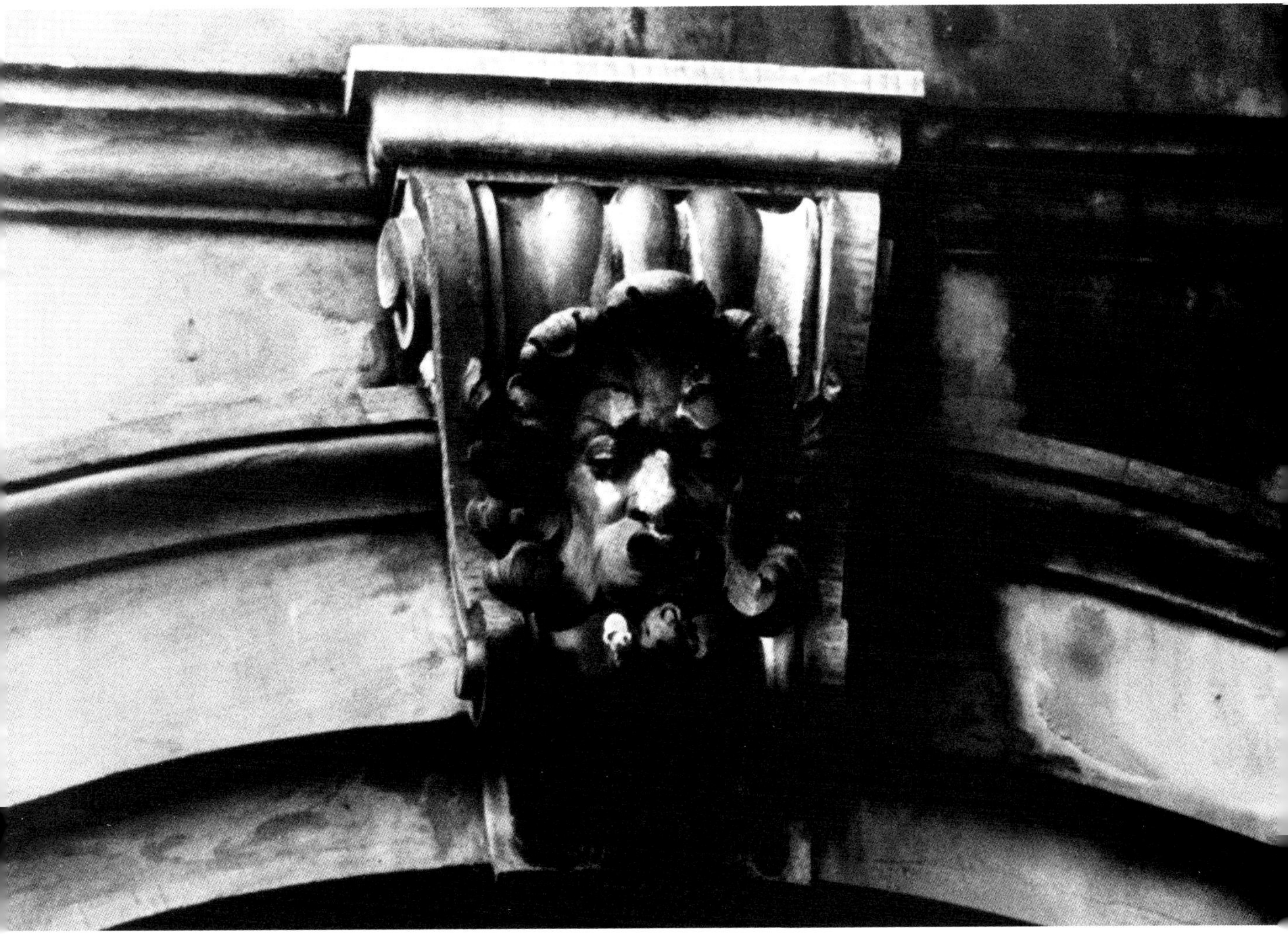

Ferros, fios, ferragens e instalações.
Sejam elétricas ou hidráulicas,
diversas são as soluções.
As pessoas passam na rua.
Que intenso fluxo!
Enquanto isso,
a face se comprime,
prende a respiração,
então o concreto projeta o grito
que anuncia os negócios aos humanos.

Rua Florêncio de Abreu, 123
(foto: Arlindo Gonçalves)

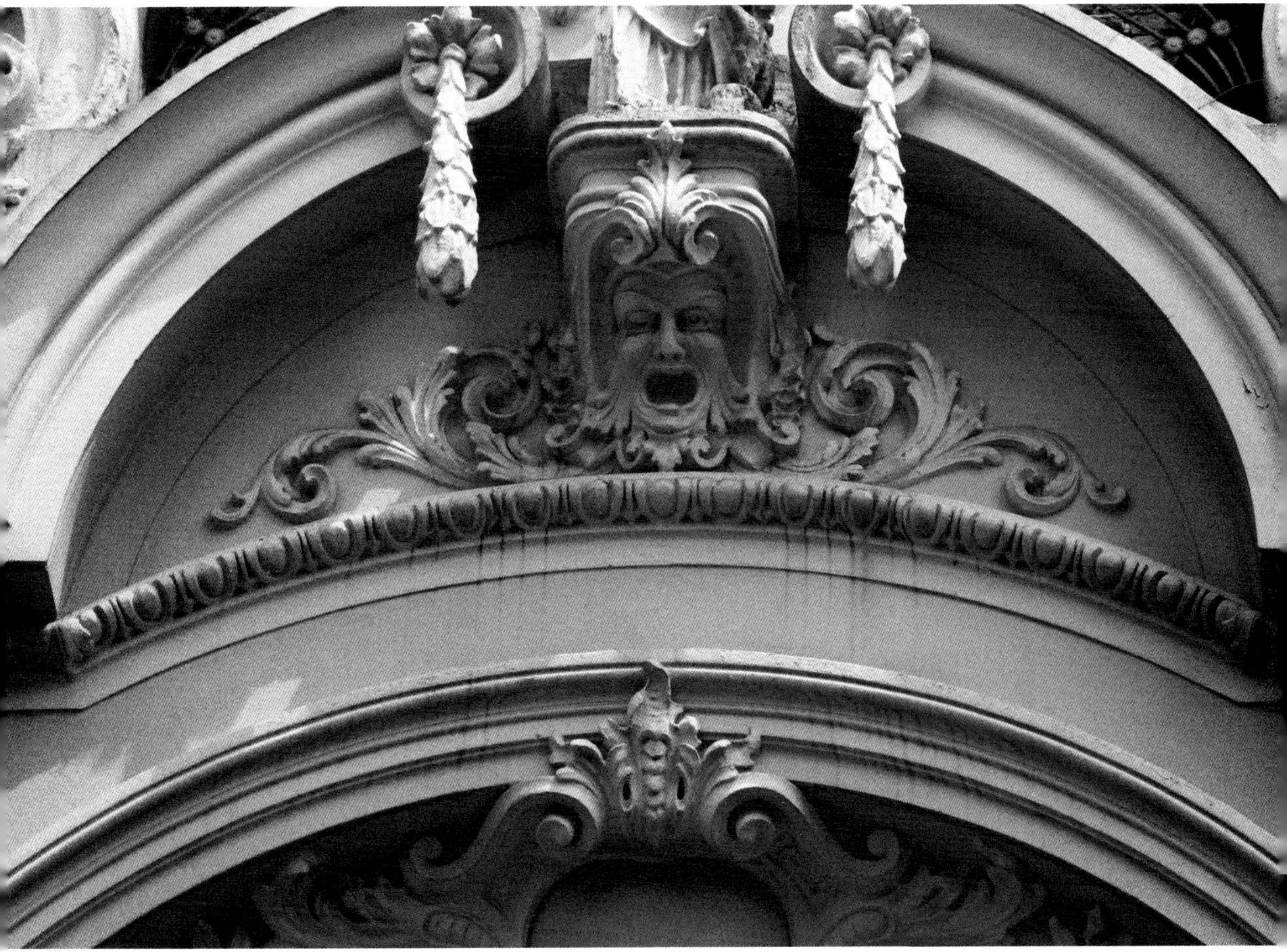

*Do alto da sua imponência
ela observa a cidade.
O olhar perdido...
O olhar distante...
A procurar o que não se pode encontrar.
Ainda que de uma altura tão elevada,
não é mais possível ver o horizonte.*

Praça Clóvis Bevilacqua, s/n
(foto: Luciana Fátima)

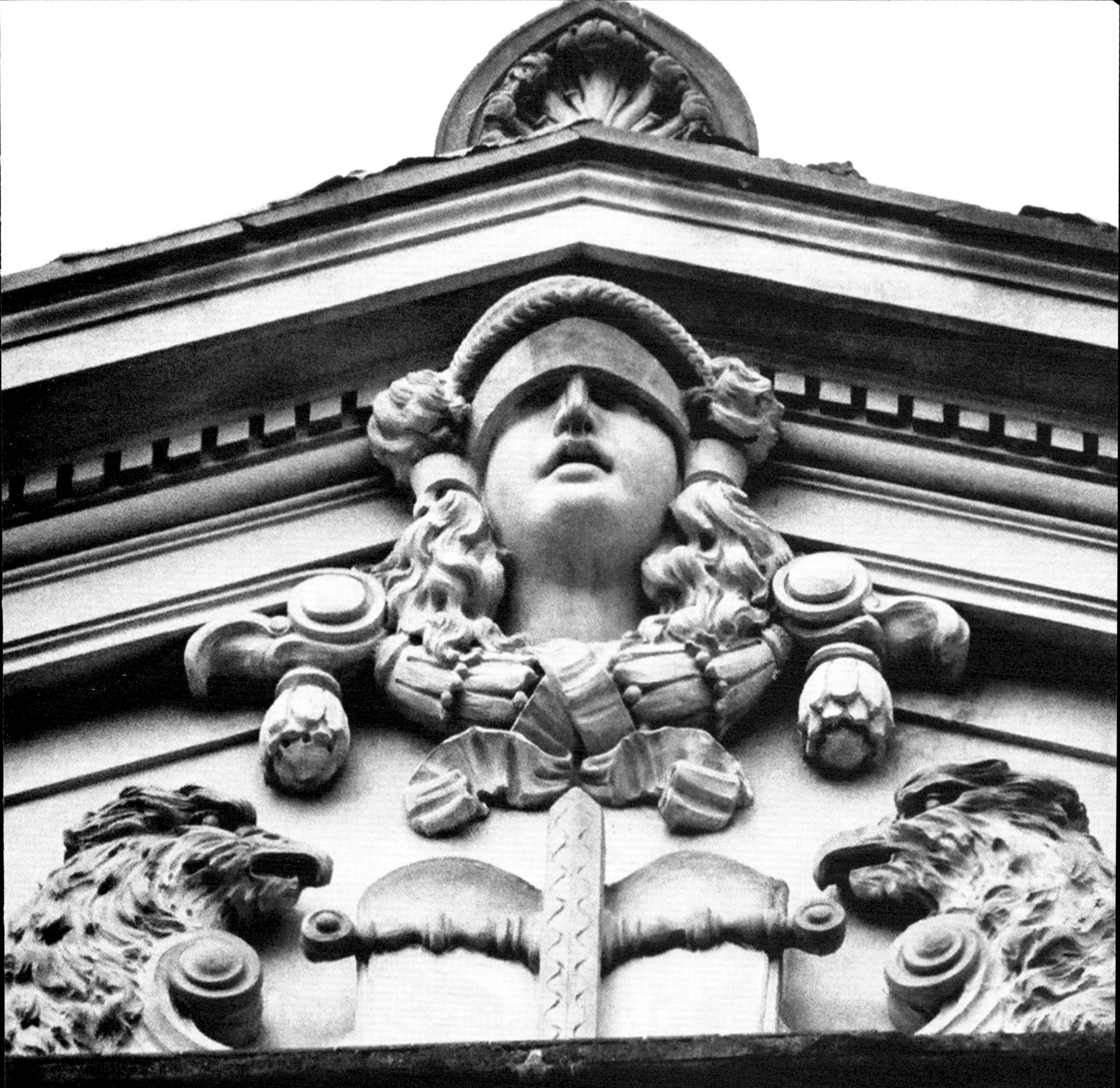

*Não sei por quê,
mas ao passar e vê-lo,
eu o idealizo como um grande amigo;
desses que pouco tenho em comum.
Mas com quem posso sempre contar.
Bufão, tagarela, ranzinza...
E amável, e eterno, e especial...
Por detrás da rudeza,
o carinho urbano.*

Pateo do Collegio, 5
(foto: Luciana Fátima)

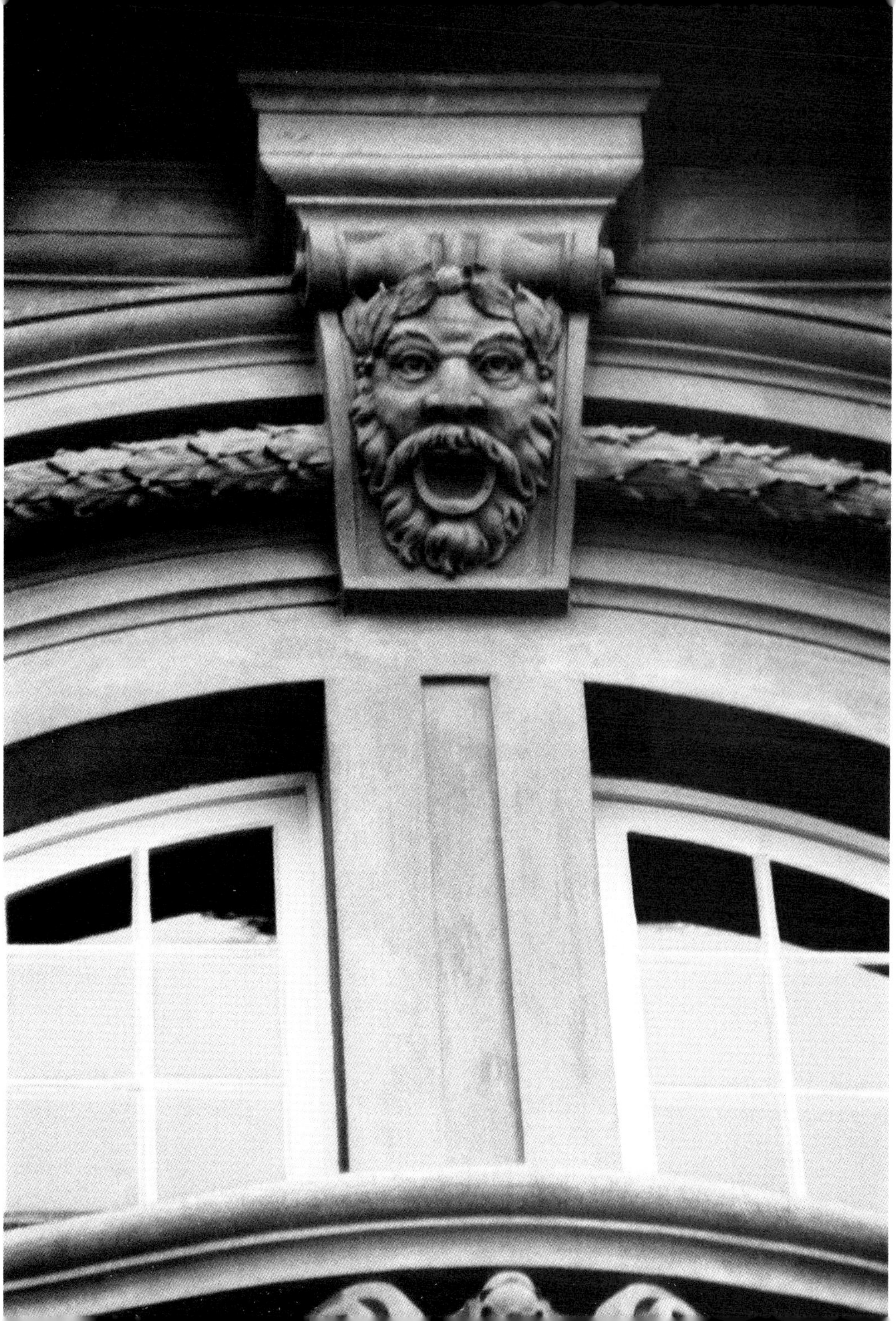

*O intenso movimento das pessoas
contrasta com a plácida rigidez do concreto.
Faces aflitas fitam o relógio.
Faces serenas fitam a aflição.*

Praça Ramos de Azevedo, s/n
(foto: Luciana Fátima)

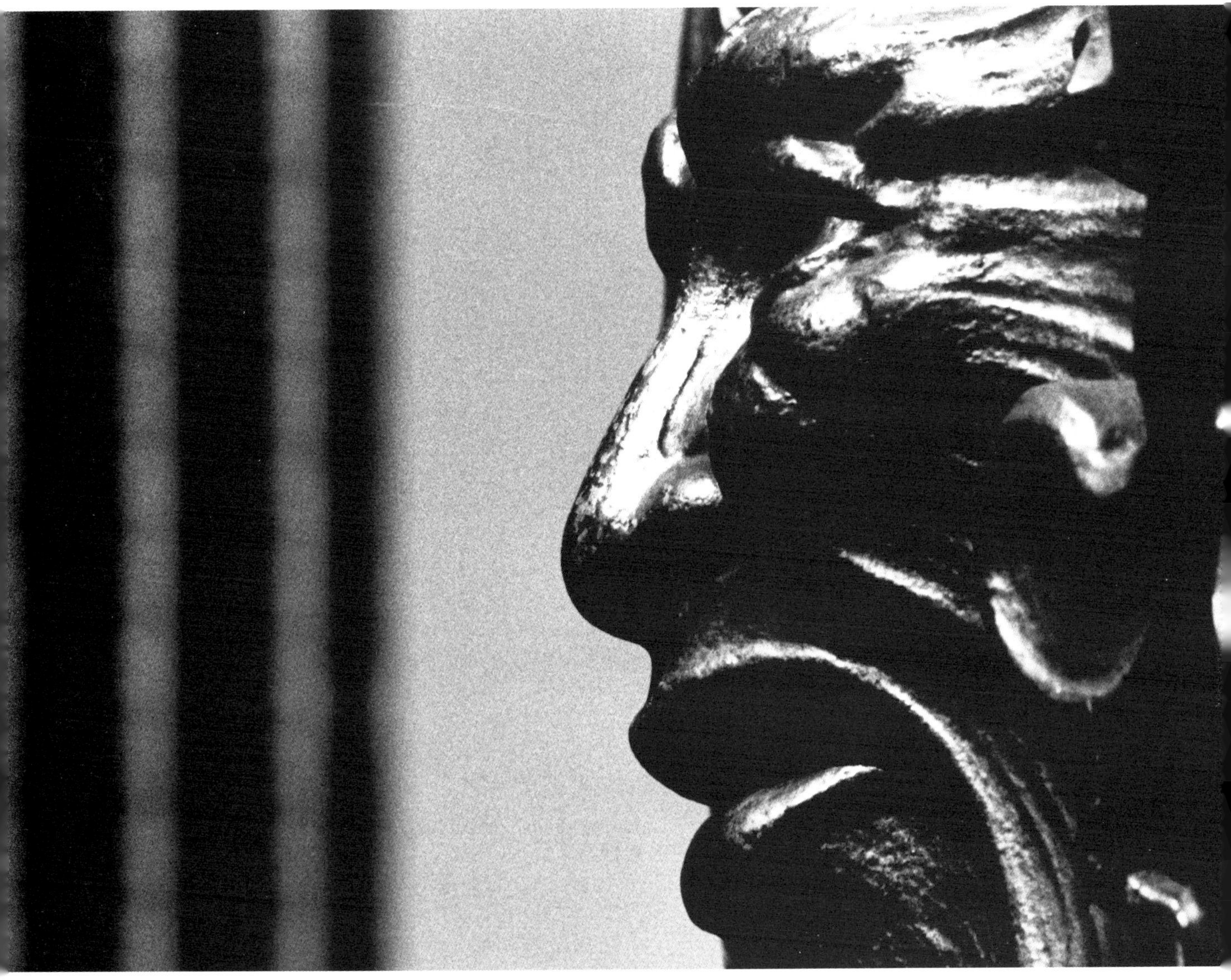

Diálogos com a Cidade é o nome do coletivo fotográfico composto por Luciana Fátima e Arlindo Gonçalves. Tendo como proposta fotografar São Paulo e, por meio de imagens, discutir aspectos importantes para a cidadania, como o uso do espaço urbano, a importância da preservação do patrimônio e a valorização da memória, "Diálogos com a Cidade" já realizou algumas exposições como *Minhocão – altos e baixos*; *Monumentos e pessoas no espaço urbano*; *Caminhar em São Paulo*; *Olhares anônimos na capital ilimitada* e *Carinhas(os) Urbanas(os)* – aqui transformada em livro.

Além de fotógrafos, os autores também são escritores, tendo os seguintes livros publicados: Luciana Fátima – *Álvares de Azevedo: o poeta que não conheceu o amor foi noivo da morte* (2009), além de ter contos publicados em antologias e sites. Arlindo Gonçalves – *Dores de perdas* (2004), *Desonrados* (2005) e *Desacelerada mecânica cotidiana* (2009).